MEAL PREP

für Mamis

LAURA OSSWALD & LENA MERZ

MEAL PREP für Mamis

Fotografie: Julia Hoersch

INHALT

HI, LIEBE LESERIN!

Mein Name ist Laura Osswald. Vielleicht kennst Du mich aus Serien wie »Doctor's Diary« oder »Verliebt in Berlin«. Aber das ist gar nicht so wichtig, denn dieses Buch habe ich einfach als Mama geschrieben. Als Mama, die gerne und gesund kocht, ungern mit dem Zeigefinger wedelt und auch ein wenig faul ist. Ich habe mit meinem Mann drei Jahre in den USA gelebt. Dort wurde unsere Tochter Karline geboren und dort habe ich den Food Trend Meal Prep entdeckt. Und somit eine einfache Möglichkeit, mein Kind ausgewogen zu ernähren. Das heißt für mich nicht, dass Ketchup oder Fertig-Snacks ein No-Go sind, aber alles in Maßen. Mit der Zeit habe ich mir mehr Wissen zum Thema Meal Prep angeeignet, das ich hier gerne an dich weitergeben möchte. Und mit Lena habe ich eine der erfolgreichsten Meal-Prep-Expertinnen an meiner Seite. Wir haben gemeinsam unsere Erfahrung, unsere Ideen, die besten Rezepte und Tipps in dieses Buch gesteckt und sind ein richtiges Meal-Prep-Team geworden! Wir freuen uns, wenn du Spaß beim Kochen unserer Rezepte und im besten Fall ein bisschen mehr Mami-Me-Time hast. Und natürlich freuen wir uns auch über jeden kochbegeisterten Papi.

Deine

Meal Prep spart Zeit, Geld und ist für Familien genau das Richtige. Dabei liegt mir die gesunde Ernährung besonders am Herzen. Ein regenbogenbuntes Angebot mit allen Nährstoffen, ganz ohne Zwang und Überredungskünste am Esstisch bilden die Basis eines ausgewogenen Familienspeiseplans. Dafür setze ich mich seit einigen Jahren auf meinem Familienblog www.breifreibaby.de ein. Nach vielen Jahren als Rezeptentwicklerin bin ich seit 2018 auf Meal Prep spezialisiert – und tüftle immer weiter an neuen Tricks und Tipps für schnelle Rezepte, die leckere und gesunde Gerichte für mehrere Tage ergeben.
An den köstlichen Rezepten für Groß und Klein haben wir als Team einige Monate gearbeitet und sind stolz, unsere Lieblings-Meal-Prep-Rezepte mit dir teilen zu dürfen. Mit auf den Weg geben möchte ich dir vor allem, dass kein Kind gleich is(s)t. Sei also entspannt und koche die Rezepte so nach, wie ihr als Familie sie mögt. Oliven kommen nicht gut an – dann lass sie weg. Ihr mögt keinen Blumenkohl – dann nimm Brokkoli. Je bunter dein Angebot ist und je weniger Zwang am Tisch herrscht, umso entdeckungsfreudiger sind kleine Kinder.

Herzlich,

BEHÄLTER & FORMEN

DIE PERFEKTE ORGANISATION

Spülmaschinenfest und lebensmittelsicher: Silikonbehälter sind superpraktisch!

Meal Prep bedeutet, gut organisiert zu sein. Das nimmt den Druck raus und vermeidet Stress im Alltag. Wichtig dafür ist, dass man einen guten Überblick über den Inhalt von Kühlschrank und Tiefkühlfach hat. Natürlich klappt auch alles mit herkömmlichen Gefrierbeuteln und der alten Tupperware von Oma, aber man kann es sich auch etwas einfacher und insgesamt umweltfreundlicher machen.

MINI-SILIKONFORMEN

Wir lieben verschließbare Mini-Silikonformen mit ca. 80 g Füllmenge, die eigentlich für Babybrei gedacht sind. Man braucht davon nur eine oder zwei. Hier kann man komplette Gerichte einfrieren oder Beilagen wie Hirse, Reis und Couscous separat verpacken. Sobald der Inhalt gefroren ist, drückt man die Kugeln heraus und bewahrt sie in wiederverwendbaren Gefrierbeuteln auf. Eine Portion reicht im Normalfall für ein Kleinkind, wenn es Beilagen dazu gibt. Ist das Kind älter und hat viel Hunger, empfehlen wir zwei Portionen.

MUFFIN- UND EISWÜRFELFORMEN

Viele Kinder müssen ein Essen bis zu zehnmal probieren, um auf den Geschmack zu kommen. Muffin- und Eiswürfelformen aus Silikon

Behälter in verschiedenen Größen helfen dir, alles platzsparend zu verstauen und beugen Lebensmittelverschwendung vor. Es lohnt sich nämlich auch, kleine Reste aufzubewahren und neu zu kombinieren: etwa als Füllung für pikante Mini-Strudel oder in einer Pastasauce.

Glas verfärbt sich nicht und ist umweltfreundlich.

eignen sich gut zum Einfrieren von Mini-Portionen. Du kannst damit dein Kind langsam an neue Aromen heranführen. Auch für Dips und Saucen sind diese Behälter super.

GEFRIERBEUTEL
Wiederverwendbare Gefrierbeutel aus Kunststoff oder Silikon sind spülmaschinenfest. So können sie gründlich sauber gemacht werden und man belastet die Umwelt ein bisschen weniger als mit Einmal-Gefrierbeuteln. Sie haben außerdem den Vorteil, dass man sie flach stapeln und somit den Platz im Tiefkühlfach optimal ausnutzen kann.

GLASBEHÄLTER
Wenn man das Gericht direkt im Aufbewahrungsbehälter erwärmen möchte, ist Glas zu empfehlen. Achte aber darauf, dass die Behälter ausgewiesen mikrowellen- und ofenfest sind. Idealerweise bestehen sie aus Diamantglas, dann geht selbst bei großen Temperaturunterschieden nichts kaputt. Bei Plastikboxen ist es wichtig, dass sie spülmaschinenfest sind und keine Weichmacher enthalten, also BPA-frei (Bisphenol-A) sind.

FORMEN & GRÖSSEN
Eckig ist das A und O bei wenig Platz. Diese Formen kann man dicht an dicht zusammenstellen und stapeln. Verschiedene Größen sind natürlich empfehlenswert, egal ob aus Glas oder Kunststoff.

SCHRAUBGLÄSER
Für die Aufbewahrung eignen sich auch Einmachgläser mit Deckel, etwa für Overnight Oats, Gemüsesticks, Saucen und Dips. Du musst dafür nichts Neues kaufen, Konfitüren- und Gurkengläser sind dafür ideal. Suppen und Currys kannst du ebenfalls in Gläsern tiefkühlen. Da sich der Inhalt beim Gefrieren ausdehnt, sollte man die Gläser nicht voll füllen, sondern zum Deckel etwa 2 cm Platz lassen.

EINFRIEREN & AUFTAUEN

ERFOLGREICHES MEAL PREP

Während das klassische Meal Prep darin besteht, für mehrere Tage vorzukochen und das Essen im Büro zu erwärmen, hat Meal Prep für Mamis ein anderes Konzept. Die Kunst liegt darin, immer ein gut gefülltes Gefrierfach zu haben, denn Kinder haben nicht jeden Tag den gleichen Hunger und was gestern hoch im Kurs stand, kann morgen schon »bäh« sein. Für dieses Buch haben wir deshalb fast ausschließlich Gerichte gewählt, die man einfrieren kann. So kannst du mit nur einem Kochtag pro Woche oder Monat fast alle Gerichte für dein Kind vorbereiten – egal ob Frühstück, Mittagessen oder Snack – und je nach Lust und Laune deines Kindes auswählen, was aufgewärmt werden soll.

EINFRIEREN

Auf jeder Rezeptseite findest du Hinweise, wie das Gericht am besten eingefroren wird (Beschriften nicht vergessen!). Allgemein gilt: Jedes Gericht soll so schnell wie möglich abgekühlt werden, bevor es ins Tiefkühlfach kommt. Dazu kannst du es entweder direkt in Glasboxen füllen oder großflächig in Schüsseln und Schalen ausbreiten und abkühlen lassen. Noch schneller geht es im Wasserbad: Fisch- und Fleischgerichte in die Glasboxen füllen, in ein kaltes Wasserbad stellen und gelegentlich durchrühren. In Plastikboxen bitte nur abgekühlte Speisen füllen.

HALTBARKEIT IM TIEFKÜHLFACH

Alle Gerichte aus diesem Buch kannst du mindestens 3 Monate einfrieren. Längeres Aufbewahren im Tiefkühlfach bedeutet keineswegs, dass sie ungenießbar sind – prüfe kritisch, ob es noch gut aussieht, riecht und schmeckt. Wir empfehlen Fleisch- und Fischgerichte innerhalb von 3 Monaten aufzubrauchen. Gemüse- und Obstgerichte halten sich 6 Monate oder länger. Backwaren bleiben im Tiefkühlfach sogar 12 Monate frisch. Voraussetzung ist stets, dass die Verpackung unbeschädigt ist.

HALTBARKEIT IM KÜHLSCHRANK

Natürlich bietet es sich auch an, von den frisch zubereiteten Portionen etwas für den nächsten Tag in den Kühlschrank zu stellen. Vegane und vegetarische Gerichte kannst du mindestens 2 Tage aufbewahren. Fisch- und Fleischgerichte sollten (Klein-)Kinder nur am nächsten Tag essen. Der junge Magen ist meist etwas empfindlicher als bei uns Erwachsenen. Achte darauf, dass das Essen durcherhitzt wird.

AUFTAUEN

Optimal ist es, wenn die Gerichte, Muffins und Brotscheiben bereits am Vorabend in den Kühlschrank wandern und über Nacht langsam auftauen. Schneller geht es in 2–4 Std. bei Zimmertemperatur. Zur Not reicht es auch, ein Gericht einige Minuten anzutauen und dann länger in der Mikrowelle, auf dem Herd oder im Backofen zu erhitzen. Wenn sich das Gefriergut nicht aus dem Behälter löst, bringt ein heißes Wasserbad Abhilfe.

AUFWÄRMEN
Am schnellsten wärmt man Tiefgekühltes auf, wenn es vorher aufgetaut wurde – entweder über Nacht im Kühlschrank oder in ein paar Stunden bei Zimmertemperatur. Aber manchmal muss man spontan sein, dann ist die Mikrowelle unschlagbar. Wer keine hat oder bewusst darauf verzichtet, kann Backofen, Herd oder Toaster mit Auftaufunktion verwenden. Bei jedem Rezept findest du dazu detaillierte Anweisungen. Ein paar allgemeine Regeln:
Mikrowelle: Die aufgetauten Gerichte bei 600 Watt in 3–5 Minuten erwärmen, dabei einmal umrühren. Die Konsistenz vieler Gerichte wird besser, wenn man sie vorher mit 2–3 EL Wasser beträufelt. Du kannst Glasboxen direkt vom Tiefkühlfach in die Mikrowelle stellen. Bei Behältern aus Plastik oder Edelstahl füllst du das Essen bitte auf einen Teller um.

Pasta kann man super in einer Pfanne mit hohem Rand erwärmen: Das geht schonend und schnell.

Mit der Zeit entwickelst du eine lässige Routine, was du besser am Vorabend auftauen solltest und welche Gerichte sich auch als Notfallessen für hungrige Kindermäuler eignen. Insbesondere lohnt es sich, eine große Box mit diversen Snacks einzufrieren, die im Nu essbereit sind.

Backofen: Er eignet sich für alle Gerichte, die im Backofen zubereitet wurden. Dafür den Ofen auf ca. 200° vorheizen und das Gericht darin aufwärmen, allerdings nicht länger als nötig, damit es nicht trocken wird. Nur Behälter aus Diamantglas können direkt vom Tiefkühlfach in den Backofen.
Herd: Leicht flüssige Gerichte, wie Pasta mit Sauce, Curry- und Reisgerichte, in einem kleinen Topf mit 2–3 EL Wasser unter Rühren richtig heiß machen. Bratlinge, Pfannkuchen & Co. mit etwas Öl in einer Pfanne erhitzen, allerdings nicht länger als nötig, damit das Gebratene nicht trocken wird.
Toaster: Brote, Backwaren und Bratlinge lassen sich im Toaster mithilfe der Auftaufunktion sehr gut erwärmen. Je mehr das Gebäck vorher angetaut ist, umso schneller ist es fertig.

FRÜHSTÜCK

BANANEN-MUFFINS

FÜR 16 STÜCK • Zubereiten: 20 Min. • Backen: 25 Min.
2 Eier (M) • 70 ml Kokosöl • 3 sehr reife Bananen • 1 TL Backpulver • ½ TL Zimtpulver • ½ TL gemahlene Vanille • 2 kleine Äpfel • 60 g Vollkornmehl • 90 g Feinblatt-Haferflocken

1 Den Backofen auf 170° vorheizen. Die Eier und das Öl in einer Schüssel mit dem Schneebesen schaumig schlagen.

2 Die Bananen mit einer Gabel zu Brei zerdrücken und mit Backpulver, Zimt und Vanille unter die Eier-Öl-Masse rühren. Die Äpfel waschen, samt Schale bis auf das Kerngehäuse grob dazuraspeln und unterrühren. Das Mehl und die Haferflocken unterrühren.

3 Den Teig in 16 Silikon-Mini-Muffinformen verteilen und die Muffins im Backofen (Mitte) in ca. 25 Min. goldbraun backen. Herausnehmen und 5 Min. ruhen lassen. Aus der Form lösen, auf einem Kuchengitter etwas abkühlen lassen und lauwarm genießen.

Auch lecker: Für Babys ist das Rezept so ideal, für Kinder und Erwachsene kannst du auch mal Nüsse, getrocknete Früchte oder Schokolade unter den Teig mischen.

Einfrieren & Auftauen: Die Muffins in einem Gefrierbeutel stapeln und tiefkühlen. Über Nacht im Kühlschrank oder bei Zimmertemperatur 2–4 Std. auftauen lassen und in der Mikrowelle bei 600 Watt in ca. 30 Sek. erwärmen. Alternativ die tiefgekühlten Muffins in der Mikrowelle bei 600 Watt in ca. 2 Min. aufwärmen.

OVERNIGHT PUDDING

FÜR 8 PORTIONEN • Zubereiten: 10 Min. • Ruhen: 12 Std. (über Nacht)
200 g Himbeeren (frisch oder TK) • 1 sehr reife Banane • 200 ml Kokosmilch • 60 g Chia-Samen • 30 g Granola

1 Die frischen Himbeeren verlesen, waschen und trocken tupfen (TK-Himbeeren vorher antauen lassen). Die Banane schälen und in grobe Stücke schneiden. Himbeeren, Banane, Kokosmilch und 200 ml Wasser in einem hohen Rührbecher mit dem Pürierstab fein mixen.

2 Die Chia-Samen mit einer Gabel gründlich unterrühren. Die Mischung in acht kleine Schraubgläser oder Mini-Boxen füllen, verschließen und im Kühlschrank über Nacht quellen lassen.

3 Vor dem Servieren das Granola auf den Pudding streuen. Der Pudding hält sich im Kühlschrank ca. 3 Tage.

Topping: Gehackte Nüsse, klein geschnittenes Obst, Beeren oder ein wenig Honig – diesen Overnight Pudding darfst du nach Lust und Laune toppen.

Küchentipp: Den Pudding kannst du mit jedem Obst zubereiten, das gerade (bei deinem Kind) Saison hat.

Einfrieren & Auftauen: Den Pudding direkt in den Gläsern tiefkühlen. Über Nacht im Kühlschrank auftauen lassen und mit Granola toppen.

HIRSEAUFLAUF
MIT BIRNEN

FÜR 8 PORTIONEN
Zubereiten: 15 Min.
Garen: 20 Min.
Backen: 25 Min.

Für den Auflauf:
180 g Hirse
450 ml Mandeldrink (ersatzweise Kuhmilch)
4 reife Birnen
3 Eier
5 EL Agavendicksaft
100 g Walnüsse

Außerdem:
Öl für die Form

1 Für den Auflauf die Hirse mit dem Mandeldrink verrühren, in einem Topf zum Kochen bringen und zugedeckt bei sehr kleiner Hitze in ca. 20 Min. ausquellen lassen. Dann die Hirse in eine große Schüssel füllen und ca. 10 Min. abkühlen lassen, dabei ab und zu durchrühren.

2 Inzwischen den Backofen auf 180° vorheizen, eine ofenfeste Form (ca. 15 × 30 cm) leicht einfetten. Die Birnen waschen, vierteln, die Kerngehäuse entfernen und das Fruchtfleisch in 1 cm große Würfel schneiden. Die Eier trennen. Die Eigelbe mit 3 EL Agavendicksaft mischen, die Eiweiße mit dem Handrührgerät steif schlagen. Die Walnüsse grob hacken und mit dem restlichen Agavendicksaft (2 EL) mischen.

3 Die Hirse mit den Birnen und der Eigelbmasse mischen. Den Eischnee vorsichtig unterheben und die Hirsemasse in die Auflaufform füllen. Die Walnüsse darüber verteilen und den Auflauf in ca. 25 Min. goldbraun backen.

Auch lecker: Statt Birnen kannst du auch Äpfel verwenden. Wer mag, träufelt vor dem Servieren etwas Joghurt auf den Auflauf und bestreut ihn mit Zimtpulver.

Einfrieren & Auftauen: Den Auflauf portionsweise in Boxen tiefkühlen. Über Nacht im Kühlschrank oder in der Mikrowelle auf kleinster Stufe in ca. 10 Min. auftauen lassen. Dann in der Mikrowelle bei 600 Watt in ca. 3 Min. oder im 180° heißen Backofen in 10 Min. erhitzen.

CHIA-ZIMT-OATMEAL

FÜR 8 PORTIONEN • Zubereiten: 20 Min.
800 ml Milch (ersatzweise Pflanzendrink) • 160 g Feinblatt-Haferflocken • 2 EL Chia-Samen • 1 TL Zimtpulver • ½ TL gemahlene Vanille • 4 reife Bananen • 30 g Nüsse • 250 g Beeren

1 Die Milch mit Haferflocken, Chia-Samen, Zimt und Vanille in einem Topf aufkochen und in ca. 15 Min. zu einem Brei köcheln lassen.

2 Die Bananen schälen, mit einer Gabel grob zerdrücken und mit dem Oatmeal vermengen.

3 Die Nüsse grob hacken. Die Beeren verlesen und waschen. Das Oatmeal mit den Nüssen und Beeren toppen.

Küchentipp: Die Bananen erst kurz vor dem Servieren untermischen, sie verfärbt sich sonst braun. Mehr Biss bekommt das Oatmeal mit Grobblatt-Haferflocken.

Einfrieren & Auftauen: Das Oatmeal ohne Bananen und Topping portionsweise in Silikon- oder Muffinformen tiefkühlen. In der Mikrowelle bei 600 Watt ca. 2 Min. erwärmen, dabei nach Belieben 1–2 EL Wasser dazugeben. Alternativ das Oatmeal in einem Topf auf dem Herd erhitzen. Zum Schluss die Bananen untermischen, mit Nüssen und Beeren toppen.

BANANEN-PANCAKES

FÜR 16 STÜCK • Zubereiten: 15 Min.
6 Bananen • 6 Eier (M) • 4 TL Öl • 250 g Beeren

1 Die Bananen schälen und in Stücke schneiden. Eier und Bananen in einem hohen Rührbecher mit dem Pürierstab schaumig mixen.

2 In einer Pfanne 1 TL Öl erhitzen. Mit einem Schöpflöffel vier Portionen Teig mit etwas Abstand in die Pfanne geben. Die Pancakes auf jeder Seite in ca. 1 Min. goldbraun backen. Herausnehmen und auf einem Kuchengitter abkühlen lassen. Auf die gleiche Weise in der Pfanne weitere zwölf Pancakes backen.

3 Vor dem Servieren die Beeren waschen, Erdbeeren klein schneiden und auf die Pancakes streuen.

Meal-Prep-Pro: Die Pancakes kannst du auch mit Schoko-Nuss-Mus oder Erdbeeraufstrich servieren.

Einfrieren & Auftauen: Die Pancakes mit Butterbrotpapier dazwischen aufeinanderstapeln und in Gefrierbeuteln tiefkühlen. Die TK-Pancakes in der Mikrowelle auf kleinster Stufe in 4–6 Min. oder im Toaster erwärmen. Alternativ in einer Pfanne mit ½ TL Butter bei kleiner Hitze backen, dabei zwischendurch wenden.

FRÜHSTÜCK-MUFFINS
MIT SPINAT UND SPECK

FÜR 8 STÜCK
Zubereiten: 30 Min.

60 g TK-Spinat
5 Scheiben Frühstücksspeck
6 Eier (M)
40 g geriebener Käse (z. B. Gouda)

1 Den Spinat zugedeckt in einem Topf bei mittlerer Hitze auftauen lassen (oder über Nacht im Kühlschrank auftauen lassen). Den Backofen auf 200° vorheizen.

2 Inzwischen eine Pfanne erhitzen und den Speck darin bei mittlerer Hitze in ca. 5 Min. knusprig braten, dabei zwischendurch wenden. Den Speck herausheben und auf Küchenpapier entfetten lassen. Den Spinat kurz in der Pfanne im ausgelassenen Fett schwenken und beiseitestellen.

3 Den Speck grob hacken. Die Eier in einer Schüssel verquirlen, Speck, Spinat und Käse untermischen. Die Eimasse in acht Silikon-Muffinformen verteilen (sie sollten nur zu drei Viertel gefüllt sein). Die Muffins im Backofen (Mitte) in ca. 20 Min. goldbraun backen. Herausnehmen, aus der Form lösen und abkühlen lassen.

Küchentipp: Ist deine Muffinform aus Metall, solltest du die Mulden gut einfetten und mit Semmelbröseln ausstreuen.

Einfrieren & Auftauen: Die Muffins in einen Gefrierbeutel gestapelt tiefkühlen. Über Nacht im Kühlschrank oder in der Mikrowelle auf kleinster Stufe in ca. 10 Min. auftauen lassen.

guten morgen

APFEL-ZIMT-BROT

FÜR 16 SCHEIBEN • Zubereiten: 15 Min. • Ruhen: 1 Std. • Backen: 45 Min.
½ Würfel Hefe • 2 kleine Äpfel (ca. 300 g) • 100 ml Haferdrink (ersatzweise Kuhmilch) • 60 g Butter • 460 g Dinkelmehl (Type 630) • 1 TL Zimtpulver • Salz • Butter und Semmelbrösel für die Form

1 Die Hefe in einer großen Schüssel in 100 ml lauwarmem Wasser auflösen und 5 Min. ruhen lassen. Inzwischen die Äpfel waschen, halbieren, die Kerngehäuse entfernen und die Hälften grob reiben.

2 Haferdrink und Butter in einem kleinen Topf bei kleiner Hitze erwärmen, bis die Butter schmilzt. Die Milchmischung, das Mehl, den Zimt, 1 TL Salz und die Äpfel zum Hefewasser geben. Alles mit den Knethaken des Handrührgeräts in 3–5 Min. zu einem Teig verkneten. Den Teig zugedeckt an einem warmen Ort ca. 1 Std. gehen lassen.

3 Den Backofen auf 190° vorheizen, eine Kastenform (ca. 32 cm lang) mit Butter einfetten und mit Semmelbröseln ausstreuen. Den Teig durchkneten, in die Form geben und in ca. 45 Min. hellbraun backen. Herausnehmen und 5 Min. ruhen lassen, dann auf ein Kuchengitter stürzen und abkühlen lassen. Das Apfel-Zimt-Brot in ca. 16 Scheiben schneiden.

Auch lecker: Im Winter knete ich in den Teig gerne noch 100 g Trockenfrüchte (Rosinen, klein geschnittene Aprikosen oder Feigen) sowie 1 TL Bratapfelgewürz.

Einfrieren & Auftauen: Die Brotscheiben leicht versetzt in einer Box oder einem Gefrierbeutel tiefkühlen. Die Scheiben über Nacht im Kühlschrank auftauen lassen oder die gefrorenen Scheiben im Toaster mit der Auftaufunktion knusprig backen.

PFIRSICH-SCONES

FÜR 12 STÜCK • Zubereiten: 10 Min. • Backen: 20 Min.
350 g Dinkelmehl (Type 630; + Mehl zum Arbeiten) • 50 g Kokosblütenzucker • 2 TL Backpulver • 110 g kalte Butter • 220 g Buttermilch • 1 Ei (M) • 2 Pfirsiche

1 Den Backofen auf 180° vorheizen, ein Blech mit Backpapier belegen. Mehl, Zucker und Backpulver in einer Schüssel mischen. Die Butter 1 cm groß würfeln und mit den Fingerspitzen ins Mehl kneten, bis ein krümeliger Teig entsteht. (Ersatzweise die Zutaten in der Küchenmaschine mischen.) Die Buttermilch und das Ei dazugeben und alles zügig zu einem Teig verrühren.

2 Die Pfirsiche waschen, halbieren, die Kerne entfernen und die Hälften ca. 1 cm groß würfeln. Die Pfirsiche unter den Teig heben. Den Teig auf das Backblech stürzen und mit bemehlten Händen zu einem Kreis von 20 cm Ø formen. Mit einem gut bemehlten Messer den Kreis in acht Kuchenstücke schneiden.

3 Die Pfirsich-Scones im Backofen (Mitte) in ca. 20 Min. goldbraun backen. Herausnehmen und auf dem Blech abkühlen lassen. Die Stücke mit einem Messer auseinanderschneiden.

Küchentipp: Der Teig wird zwar bereits vor dem Backen in Stücke geschnitten, aber nicht auseinandergesetzt. So trocknen die Ränder beim Backen nicht aus und die Scones lassen sich gut voneinander lösen.

Einfrieren & Auftauen: Die Scones in einem Gefrierbeutel tiefkühlen. Über Nacht im Kühlschrank oder in der Mikrowelle auf kleinster Stufe in ca. 10 Min. auftauen lassen. Alternativ im Toaster mit der Auftaufunktion aufbacken.

SCHOKO-NUSS-MUS

FÜR 2 GLÄSER (À CA. 200 ML) • Zubereiten: 4 Std.
200 g Mandeln • 200 g Haselnusskerne • 3 EL Agavendicksaft • 2 EL Rohkakao • 2 EL Öl

1 Die Mandeln und Haselnüsse im Hochleistungsmixer 1 Min. auf höchster Stufe mixen. Die Masse im Behälter mit einem Spatel nach unten schieben und erneut 1 Min. mixen.

2 Dieses Vorgehen ca. zehnmal wiederholen, bis ein streichfähiges Nussmus entsteht. Da der Mixer leicht überhitzen kann, das Gerät zwischendurch immer wieder abkühlen lassen. (Der Mixvorgang dauert durch das Abkühlen zwischendurch rund 4 Std.)

3 Agavendicksaft, Kakao und Öl kurz unter das Nussmus mixen. Das Schoko-Nuss-Mus in zwei Schraubgläser (à 200 ml) füllen. Es hält sich im Kühlschrank mindestens 2 Monate.

Mogel-Mami: Wer keinen Hochleistungsmixer hat, verrührt 200 g Mandelmus mit 200 g Haselnussmus, 3 EL Agavendicksaft und 2 EL Rohkakao mit dem Handrührgerät.

Einfrieren & Auftauen: Der Aufstrich kann in den Gläsern tiefgekühlt werden. Über Nacht im Kühlschrank auftauen lassen. Es ist übrigens kein Qualitätsmangel, wenn sich Farbe und Konsistenz etwas verändern. Einfach nochmal durchmixen.

ERDBEERAUFSTRICH

FÜR 2 GLÄSER (À CA. 200 ML) • Zubereiten: 15 Min.
500 g Erdbeeren • 2 EL Apfelsaft • 1 TL Agar-Agar

1 Die Erdbeeren waschen, putzen und halbieren. Erdbeeren und Apfelsaft in einem großen Topf aufkochen lassen, dabei ab und zu umrühren. Sobald die Erdbeeren leicht zerfallen, die Masse mit dem Pürierstab mixen.

2 Das Agar-Agar in 2 EL Wasser auflösen und unterrühren. Die Erdbeermasse bei großer Hitze unter Rühren ca. 3 Min. köcheln lassen.

3 Zwei Gläser samt Deckel heiß ausspülen. Den Erdbeeraufstrich heiß in die Gläser füllen. Er hält sich im Kühlschrank bis zu 1 Woche.

Auch lecker: Diese zuckerfreie Konfitüre kann man auch mit Aprikosen, Pfirsichen oder anderem süßen Obst zubereiten. Sie schmeckt nicht nur als Aufstrich, sondern auch als Füllung in süßen Schnecken.

Einfrieren & Auftauen: Am besten schmeckt der Aufstrich ganz frisch. Er kann aber auch in den Gläsern tiefgekühlt werden. Einfach über Nacht im Kühlschrank auftauen lassen.

PFANNKUCHEN
MIT MANDELFÜLLUNG

FÜR 8 STÜCK
Zubereiten: 20 Min.

35 g Butter
250 g Buttermilch
2 Eier (M)
Salz
190 g Mehl (Type 550)
1 TL Backpulver
1 EL Mandelmus (ersatzweise anderes Nussmus)
1 EL Öl

1 Die Butter in einer großen Pfanne bei kleiner Hitze zerlassen. Buttermilch, Eier und 1 Prise Salz in einer Schüssel mit dem Schneebesen oder Handrührgerät verrühren. Die Butter unterrühren, Mehl und Backpulver zügig untermischen.

2 Das Mandelmus mit einer Gabel grob unter den Teig ziehen, sodass ein marmorierter Teig entsteht.

3 In der Pfanne wenige Tropfen Öl erhitzen und mit einem Löffel vier Teigkleckse hineingeben. Die Pfannkuchen bei mittlerer Hitze backen, bis sich an der Oberfläche Bläschen bilden und die Unterseiten goldbraun sind. Dann wenden und die anderen Seiten ebenfalls goldbraun backen.

4 Die Pfannkuchen auf einem mit Küchenpapier belegten Teller abkühlen lassen. Aus dem restlichen Teig auf die gleiche Art und Weise vier weitere Pfannkuchen backen.

Auch lecker: Die Pfannkuchen schmecken auch in einer pikanten Variante. Dafür statt Mandelmus 100 g Kürbispüree untermischen und in der Pfanne kleine Kürbis-Pancakes ausbacken.

Einfrieren & Auftauen: Die Pfannkuchen leicht versetzt aufeinanderlegen und in einer Box einfrieren. Über Nacht im Kühlschrank oder in der Mikrowelle auf kleinster Stufe in ca. 10 Min. auftauen lassen. Am besten im Toaster mit der Auftaufunktion aufwärmen.

ZUCCHINI-MUFFINS

MIT GETROCKNETEN TOMATEN

FÜR 8 STÜCK
Zubereiten: 15 Min.
Backen: 25 Min.

Für die Muffins:
100 g getrocknete Tomaten
250 g Zucchini
250 g Vollkornmehl
1 TL Backpulver
200 g geriebener Mozzarella
1 Ei (M)
250 g Buttermilch
4 EL Rapsöl (ersatzweise das würzige Öl der getrockneten Tomaten)
Salz
Pfeffer

Außerdem:
8 Muffin-Papierförmchen (nach Belieben)

1 Für die Muffins den Backofen auf 180° vorheizen, acht Mulden einer Muffinform leicht mit Öl einfetten.

2 Die Tomaten fein hacken. Die Zucchini putzen, waschen und fein raspeln. Tomaten, Zucchini, Mehl, Backpulver und 120 g Mozarella in einer großen Schüssel mischen. Das Ei mit der Buttermilch verquirlen, mit Öl, Salz und Pfeffer in die Schüssel geben. Alle Zutaten zu einem Teig verrühren.

3 Die Masse in die acht Muffinmulden verteilen und mit dem restlichen Käse (80 g) bestreuen. Die Muffins im Backofen (Mitte) in 20–25 Min. goldbraun backen. Die Muffins in der Form abkühlen lassen und nach Belieben zum Servieren in Papiermanschetten setzen.

Küchentipp: Statt getrockneter Tomaten passen auch 100 g ausgelassene Speckwürfel sehr gut in die Zucchini-Muffins.

Einfrieren & Auftauen: Die Muffins in einen Gefrierbeutel gestapelt tiefkühlen. Über Nacht im Kühlschrank oder in der Mikrowelle auf kleinster Stufe in ca. 10 Min. auftauen lassen.

SCHOKOBRÖTCHEN

FÜR 8 STÜCK
Zubereiten: 15 Min.
Backen: 20 Min.

100 g Edelbitter-Schokolade (70 % Kakaoanteil)
300 g Dinkelmehl (Type 630)
2 TL Backpulver
50 g Honig
250 g Magerquark
3 EL Öl
1 Ei (M)

1 Den Backofen auf 180° vorheizen, ein Backblech mit Backpapier belegen. Die Schokolade fein hacken. Das Mehl mit Backpulver, Honig, Quark, Öl und Ei in einer Schüssel verkneten. Die Schokolade dazugeben und unterkneten.

2 Mit zwei nassen Esslöffeln acht Brötchen formen und auf das Backblech setzen. Die Schokobrötchen im Backofen (Mitte) in ca. 20 Min. hellbraun backen. Herausnehmen und auf einem Kuchengitter abkühlen lassen.

Auch lecker: Anstelle von Schokolade schmecken auch Trockenfrüchte wie Rosinen, kleine geschnittene Feigen oder Aprikosen sehr lecker in den Brötchen.

Einfrieren & Auftauen: Die Brötchen in einen Gefrierbeutel gestapelt tiefkühlen. Über Nacht im Kühlschrank oder in der Mikrowelle auf kleinster Stufe in ca. 10 Min. auftauen lassen. Dann halbieren und im Toaster aufbacken.

KÜRBIS-HEFEZOPF

FÜR 16 SCHEIBEN
Zubereiten: 35 Min.
Ruhen: 1 Std.
Backen: 25 Min.

280 g Hokkaido-Kürbis-fruchtfleisch
½ Würfel frische Hefe
500 g Dinkelmehl (Type 630; + Mehl zum Arbeiten)
30 g Zucker
50 ml Öl
Salz

1 Das Kürbisfruchtfleisch in 1 cm große Stücke schneiden und in einem Topf mit wenig Wasser zugedeckt in ca. 20 Min. weich kochen.

2 Inzwischen in einer großen Schüssel die Hefe in 80 ml lauwarmem Wasser auflösen. Mehl, Zucker, Öl und 1 TL Salz dazugeben, die Schüssel beiseitestellen.

3 Den Kürbis abgießen und mit dem Pürierstab fein mixen. Das Püree auf einem großen Teller lauwarm abkühlen lassen. Das Kürbispüree in die Schüssel geben und alles zu einem geschmeidigen Hefeteig verkneten. Den Teig zugedeckt an einem warmen Ort ca. 1 Std. gehen lassen.

4 Den Backofen auf 180° vorheizen, ein Blech mit Backpapier belegen. Den Hefeteig dritteln und jedes Teil auf der mit Mehl bestäubten Arbeitsfläche zu einem ca. 25 cm langen Strang formen. Die Stränge zu einem Zopf flechten und auf das Blech legen. Den Kürbis-Hefezopf im Backofen (Mitte) in ca. 25 Min. hellbraun backen. Herausnehmen, auf einem Kuchengitter abkühlen lassen und in 16 Scheiben schneiden.

Einfrieren & Auftauen: Die Kürbiszopfscheiben leicht versetzt in eine Box oder einen Gefrierbeutel legen und tiefkühlen. Die Scheiben in einer Plastiktüte bei Zimmertemperatur über Nacht oder auf dem Toaster mit der Auftaufunktion auftauen.

FRÜHLING

BULGURSCHNITTEN

FÜR 20 STÜCK
Zubereiten: ca. 30 Min.
Backen: 35 Min.

200 g Bulgur
300 ml Gemüsebrühe
2 Spitzpaprika
3 Möhren
1 Glas Mais (ca. 280 g Abtropfgewicht)
1 Bund Schnittlauch
1 Bund Frühlingszwiebeln
150 g alter Gouda
140 g Mehl
2 TL Backpulver
3 Eier (M)
190 ml Haferdrink (ersatzweise Kuhmilch)
50 ml Sonnenblumenöl
Salz
2 TL edelsüßes Paprikapulver

1 Den Backofen auf 190° vorheizen, ein tiefes Backblech mit Backpapier belegen. Den Bulgur mit der Brühe in einem Topf verrühren, aufkochen lassen und bei sehr kleiner Hitze 5 Min. quellen lassen. Anschließend den Bulgur abkühlen lassen.

2 Inzwischen die Paprika waschen, halbieren, weiße Trennwände und Kerne entfernen, die Hälften in ca. 1 cm große Würfel schneiden. Die Möhren putzen, schälen und grob reiben. Den Mais in ein Sieb abgießen und abtropfen lassen. Den Schnittlauch waschen und in feine Röllchen schneiden. Die Frühlingszwiebeln putzen, waschen und in feine Ringe schneiden. Den Käse fein reiben.

3 In einer großen Schüssel Mehl und Backpulver mischen. Eier, Haferdrink und Öl dazugeben und alles mit dem Schneebesen oder Handrührgerät zu einem glatten Teig verrühren. Den Teig mit Salz und Paprikapulver würzen. Paprika, Möhren, Mais, Schnittlauch und Frühlingszwiebeln untermischen. Den Käse mit dem Bulgur unter den Teig mischen.

4 Die Masse auf dem Backblech verstreichen, dabei einen kleinen Abstand zu den Rändern lassen, und im Backofen (Mitte) in ca. 35 Min. goldbraun backen. Herausnehmen, 5 Min. ruhen lassen und in 20 Stücke schneiden.

Auch lecker: Bulgurschnitten sind ein super Notfallessen, wenn kein frisches Gemüse mehr im Haus ist. Konserven wie Linsen, Kidneybohnen, aber auch Thunfisch kann man sehr gut mitbacken. Die Schnitten sind ideal zur Resteverwertung. Kleine Gemüsereste, wie ½ Zucchino, passen gut in die Bulgurmasse.

Einfrieren & Auftauen: Die Bulgurschnitten leicht versetzt in eine Box legen oder mit Butterbrotpapier dazwischen aufeinanderstapeln. Über Nacht im Kühlschrank oder in der Mikrowelle auf kleinster Stufe in ca. 10 Min. auftauen lassen. Anschließend in der Mikrowelle bei 600 Watt in ca. 3 Min. erwärmen. Alternativ auf dem Toaster mit Auftaufunktion auftauen und erwärmen.

LACHSKÜCHLEIN
MIT EDAMAMESTAMPF

FÜR 8 PORTIONEN
Zubereiten: 45 Min.

Für die Lachsküchlein:
300 g Lachsfilet
2 ½ EL Öl
Salz | Pfeffer
½ rote Paprika
1 Schalotte
2 Eier (M)
50 g Feinblatt-Haferflocken
3 EL Joghurt
½ TL Senf
½ TL Honig
6 Schnittlauchhalme (nach Belieben)
1 Spritzer Zitronensaft

Für den Stampf:
150 ml Hühnerbrühe (ersatzweise Gemüsebrühe)
400 g Edamame (frisch oder TK)
3 EL Rapsöl
½ TL Knoblauchpulver
Salz

1 Für die Lachsküchlein den Backofen auf 180° vorheizen, ein Blech mit Backpapier belegen. Das Lachsfilet trocken tupfen, auf dem Blech mit ½ EL Öl bestreichen, mit Salz und Pfeffer würzen. Den Lachs im Ofen (Mitte) 10–12 Min. garen. Dann in das Backpapier wickeln und abkühlen lassen.

2 Die Paprika waschen, weiße Trennwände und Kerne entfernen, die Hälfte fein würfeln. Die Schalotte schälen und fein würfeln. In einer Pfanne ½ EL Öl erhitzen, Schalotte und Paprika darin ca. 6 Min. braten.

3 Die Eier in einer Schüssel verquirlen und mit Haferflocken, Joghurt, Senf, Honig und der Paprika-Schalotten-Mischung verrühren. Nach Belieben den Schnittlauch waschen und trocken schütteln, in Röllchen schneiden und untermischen. Mit Salz und Zitronensaft würzen. Den Lachs mit zwei Gabeln zerzupfen, ebenfalls untermischen und die Masse kalt stellen.

4 Für den Stampf die Brühe aufkochen und die Edamame darin erhitzen. Das Öl dazugeben, mit Knoblauchpulver und Salz würzen. Die Edamame mit dem Pürierstab grob mixen.

5 In einer großen Pfanne 1 EL Öl erhitzen. Mit einem Esslöffel die Hälfte der Lachsmasse zu vier kleinen Küchlein formen und in der Pfanne auf beiden Seiten jeweils 3 Min. anbraten. Herausnehmen, das restliche Öl (½ EL) erhitzen und aus der übrigen Lachsmasse ebenfalls vier Küchlein braten. Die Küchlein etwas abkühlen lassen und mit dem Stampf servieren.

Für die Erwachsenen: Bei der Hälfte der Lachsmasse den Joghurt durch Mayonnaise, die Haferflocken durch Panko (asiat. Semmelbrösel) ersetzen und mit Worcestershiresauce würzen. Den Edamamestampf mit ¼ TL Wasabi schärfen.

Einfrieren & Auftauen: Die rohen Lachsküchlein mit Butterbrotpapier dazwischen, den Stampf portionsweise in Boxen tiefkühlen. Über Nacht im Kühlschrank oder in der Mikrowelle auf kleinster Stufe in ca. 10 Min. auftauen lassen. Die Küchlein in Öl braten, den Stampf in der Mikrowelle bei 600 Watt in ca. 3 Min. erhitzen.

QUESADILLAS

FÜR 8 PORTIONEN • Zubereiten: 35 Min.

400 g Hähnchenbrustfilets • 2 EL Öl • ½ TL edelsüßes Paprikapulver • ½ TL Knoblauchpulver • Salz • 2 Avocados • 8 Weizentortillas • 250 g geriebener Mozzarella

1 Die Hähnchenfilets trocken tupfen und in 2 cm dicke Streifen schneiden. Das Öl in einer Schüssel mit den Gewürzen verrühren und die Hähnchenstreifen untermischen. Eine beschichtete Pfanne erhitzen und die Hähnchenstreifen darin bei mittlerer Hitze auf beiden Seiten in je ca. 3 Min. goldbraun braten.

2 Inzwischen die Avocados halbieren, den Kern entfernen, das Fruchtfleisch aus der Schale heben und in kleine Würfel schneiden. Die Tortillas nebeneinander auslegen und die Hälfte des Käses auf jeweils eine Tortillahälfte streuen, die Avocados (siehe Küchentipp) und das Hähnchenfilet daraufgeben. Mit dem übrigen Käse bestreuen, die Tortillas über der Füllung zuklappen und andrücken.

3 Die Pfanne erneut erhitzen und die Quesadillas darin portionsweise auf jeder Seite in ca. 1 Min. knusprig braten. Jeweils in drei Stücke schneiden und leicht abgekühlt servieren.

Küchentipp: Avocados verlieren beim Tiefkühlen ihre leuchtend grüne Farbe. Wenn dich das stört, kannst du die Quesadillas auch ohne die Avocadowürfel tiefkühlen und frisch dazu servieren.

Einfrieren & Auftauen: Die gefüllten Tortillas mit Butterbrotpapier dazwischen in einen Gefrierbeutel stapeln und tiefkühlen. Die gefrorenen Quesadillas in einer Pfanne bei mittlerer Hitze in ca. 4 Min. pro Seite auftauen lassen und erhitzen.

Meal-Prep-Pro: Anstelle der Hähnchenbrustfilets kann man auch das Fleisch vom Ofenhuhn oder vom Pulled Chicken für die Füllung verwenden.

APRIKOSENCURRY

FÜR 8 PORTIONEN • Zubereiten: 45 Min.
250 g Wildreismischung • 1 Dose Kichererbsen (350 g Abtropfgewicht) • ½ Hokkaido-Kürbis (ca. 350 g) • 1 große Möhre • 1 kleine Zwiebel • 1 EL Öl • 1 EL Currypulver • 1 TL Knoblauchpulver • Salz • 300 g Kokosmilch • 500 ml Gemüsebrühe • 6 getrocknete Aprikosen

1 In einem Topf 750 ml Wasser zum Kochen bringen, die Wildreismischung dazugeben und zugedeckt nach Packungsanweisung gar köcheln lassen.

2 Inzwischen die Kichererbsen in einem Sieb abbrausen und abtropfen lassen. Den Kürbis putzen, waschen, Fasern und Kerne entfernen, das Fruchtfleisch in mundgerechte Würfel schneiden. Die Möhre putzen, schälen und fein raspeln. Die Zwiebel schälen und in kleine Würfel schneiden.

3 Das Öl in einem Topf erhitzen und die Zwiebel darin glasig dünsten. Die Möhren 2 Min. mitrösten. Curry-, Knoblauchpulver und Salz unterrühren, kurz mitbraten. 100 g Kokosmilch angießen und einkochen lassen.

4 Die Brühe mit der restlichen Kokosmilch (200 g) angießen und aufkochen. Die Aprikosen grob hacken und 10 Min. mitköcheln lassen. Die Mischung mit dem Pürierstab schaumig mixen. Den Kürbis und die Kichererbsen dazugeben und ca. 10 Min. köcheln lassen, bis der Kürbis butterzart ist. Das Curry mit der Wildreismischung servieren.

Einfrieren & Auftauen: Das Curry mit der Reismischung portionsweise in Boxen tiefkühlen. Über Nacht im Kühlschrank oder in der Mikrowelle auf kleinster Stufe in ca. 10 Min. auftauen lassen. Dann in der Mikrowelle bei 600 Watt in ca. 3 Min. oder in einem Topf erhitzen.

CHICKEN NUGGETS
MIT MANGO-CHUTNEY

FÜR 8 PORTIONEN
Zubereiten: 15 Min.
Backen: 25 Min.

Für die Nuggets:
800 g Hähnchenbrustfilet
3 Eier (M)
Salz
½ TL Knoblauchpulver
40 g Panko (asiat. Semmelbrösel)
40 g Kokosraspel
1 TL Zucker (nach Belieben)
50 g Mehl

Für das Chutney:
1 sehr reife Mango
1 Stück Ingwer (2 cm lang)
½ TL Koriandersamen
1 EL Kokosöl
1 Spritzer Weißweinessig

1 Für die Nuggets den Backofen auf 220° vorheizen, ein Blech mit Backpapier belegen. Das Hähnchenfilet trocken tupfen und in mundgerechte Streifen schneiden. Die Eier mit Salz und Knoblauchpulver in einem tiefen Teller verquirlen. Panko, Kokosraspeln und nach Belieben Zucker in einem Teller mischen. Das Mehl ebenfalls in einen Teller geben.

2 Die Hähnchenstreifen zuerst im Mehl, dann in der Eimasse und zum Schluss in der Panko-Kokos-Mischung wenden. Auf das Blech legen und im Backofen (Mitte) in ca. 25 Min. knusprig backen.

3 Inzwischen für das Chutney die Mango schälen, das Fruchtfleisch vom Kern schneiden und klein würfeln. Den Ingwer schälen und fein reiben, den Koriander im Mörser zerstoßen. Das Kokosöl in einem Topf erhitzen, Ingwer und Koriander darin kurz anrösten. Die Mango dazugeben, aufkochen und 5–8 Min. köcheln lassen.

4 Das Chutney mit einem Spritzer Essig abschmecken und nach Belieben mit dem Pürierstab fein mixen. Die Chicken Nuggets mit dem Chutney servieren.

Küchentipp: Statt Mango-Chutney passt auch Ananas (frisch oder aus der Dose) zu den Chicken Nuggets.

Einfrieren & Auftauen: Die gebackenen Nuggets in Gefrierbeuteln einfrieren. Über Nacht im Kühlschrank oder in der Mikrowelle auf kleinster Stufe in ca. 10 Min. auftauen lassen. Dann in der Mikrowelle bei 600 Watt in ca. 3 Min. oder im 220° heißen Backofen in ca. 10 Min. erhitzen.

HIRSEBRATLINGE

FÜR 16 STÜCK • Zubereiten: 40 Min. • Backen: 30 Min.
3 Zweige Rosmarin • 200 g Hirse • 700 ml Gemüsebrühe • 1 EL Öl • 1 Zwiebel • 3 Möhren • 2 EL Tomatenmark • Salz • 1 TL gemahlener Kreuzkümmel

1 Den Rosmarin waschen und trocken schütteln. Die Hirse in einem Sieb heiß abbrausen, abtropfen lassen. Hirse und Brühe mit dem Rosmarin in einem Topf zum Kochen bringen und ca. 10 Min. köcheln lassen. Den Herd ausschalten und die Hirse zugedeckt ca. 20 Min. quellen lassen, bis sie ganz weich ist.

2 Inzwischen den Backofen auf 180° vorheizen, ein Blech mit Backpapier belegen und mit Öl bestreichen. Die Zwiebel schälen und fein würfeln. Die Möhren putzen, schälen und grob raspeln. Zwiebel und Möhren in einer Schüssel mit Tomatenmark, Salz und Kreuzkümmel verrühren. Die Hirse untermischen und dabei den Rosmarin entfernen.

3 Aus der Hirsemasse mit einem nassen Esslöffel 16 flache, runde Bratlinge formen und leicht versetzt aufs Backblech legen. Die Bratlinge im Backofen (Mitte) in ca. 30 Min. knusprig backen, dabei 5 Min. vor Backzeitende den Backofengrill zuschalten.

Mogel-Mami: Dein Kind liebt Burger? Dann hast du hier ein gesundes Patty gefunden. Einfach mit Mayonnaise und Ketchup auf einem Brötchen servieren und Essiggurken, Cheddar oder Salatgurke und Tomate zum Selberbelegen bereitstellen.

Einfrieren & Auftauen: Die Bratlinge auf einem Blech ca. 5 Std. vorfrieren, anschließend in einer großen Box tiefkühlen. Über Nacht im Kühlschrank oder in der Mikrowelle auf kleinster Stufe in ca. 10 Min. auftauen lassen. Dann in der Mikrowelle bei 600 Watt in ca. 3 Min. erhitzen. Alternativ die Bratlinge auf dem Toaster mit der Auftaufunktion auftauen und erhitzen.

LINSENBÄLLCHEN

FÜR 40 STÜCK • Zubereiten: 40 Min. • Backen: 22 Min.
600 g mehligkochende Kartoffeln • 100 g Berglinsen • 1 Stück Ingwer (1 cm lang) • 1 Zwiebel • 4 Datteln (entsteint) • 180 g Nüsse (Walnüsse, Haselnusskerne, Mandeln) • 5 EL Öl • 1 Möhre • 100 g Mehl • Salz • ½ TL Kreuzkümmel • ½ TL gemahlener Koriander • ½ TL edelsüßes Paprikapulver

1 Die Kartoffeln schälen, waschen, in 2 cm große Stücke schneiden und in einem Topf in wenig Wasser zugedeckt weich kochen. Die Linsen in einem Topf mit der doppelten Menge Wasser zugedeckt gar kochen.

2 Inzwischen Ingwer und Zwiebel schälen und fein hacken. Die Datteln klein würfeln, die Nüsse fein hacken. 1 EL Öl in einer Pfanne erhitzen, Ingwer, Zwiebel und Datteln darin bei mittlerer Hitze ca. 3 Min. anbraten, die Nüsse dazugeben und ca. 5 Min. mitbraten.

3 Inzwischen den Backofen auf 180° vorheizen, ein Blech mit Backpapier belegen. Die Möhre putzen, schälen und fein reiben, mit der Dattelmischung in eine große Schüssel geben. Die Kartoffeln abgießen und mit dem Kartoffelstampfer fein zerdrücken. Kartoffeln, Linsen, Mehl, Salz und Gewürze zur Dattel-Möhren-Mischung geben und die Masse mit den Händen mischen, aber nicht fest kneten.

4 Aus der Masse mit feuchten Händen ca. 40 Kugeln formen. Das übrige Öl (4 EL) auf das Blech träufeln, die Bällchen daraufgeben und im Backofen (Mitte) in ca. 22 Min. knusprig backen, dabei nach 10 Min. wenden. Herausnehmen und abkühlen lassen.

Einfrieren & Auftauen: Die Bällchen auf einem Blech ca. 5 Std. vorfrieren und in einer Box tiefkühlen. Über Nacht im Kühlschrank oder in der Mikrowelle auf kleinster Stufe in ca. 10 Min. auftauen lassen. Dann in der Mikrowelle bei 600 Watt in ca. 3 Min. erhitzen oder mit Öl braten.

PASTA
MIT VEGANEN HACKBÄLLCHEN

FÜR 8 PORTIONEN
Zubereiten: 35 Min.

1 Glas Kidneybohnen (240 g Abtropfgewicht)
70 g Kürbiskerne
80 g Feinblatt-Haferflocken
2 EL Tomatenmark
2 TL Hefeflocken
Salz
1 TL edelsüßes Paprikapulver
1 TL getrocknete ital. Kräuter
3 EL Öl
400 g Spirelli
1 Dose stückige Tomaten (400 g)

1 Die Kidneybohnen in einem Sieb abbrausen und abtropfen lassen. Die Kürbiskerne im Hochleistungsmixer oder in einem hohen Rührbecher mit dem Pürierstab fein mixen. Bohnen, Haferflocken, Tomatenmark und Hefeflocken dazugeben und alles zu einem feinen Brei mixen. Die Masse mit Salz und Paprikapulver würzen und die Kräuter untermischen.

2 Die Bohnenmasse mit feuchten Händen zu 20–25 walnussgroßen Kugeln formen. Das Öl in einer großen Pfanne erhitzen und die Hackbällchen darin bei mittlerer Hitze in ca. 10 Min. goldbraun braten.

3 Inzwischen die Nudeln nach Packungsanweisung in Salzwasser bissfest garen. Die Tomaten zu den Bällchen geben und aufkochen lassen. Die Nudeln abgießen, abtropfen lassen und mit den Bällchen in der Tomatensauce servieren.

Auch lecker: Aus der Bohnenmasse hamburgergroße Patties formen und braten. Aus den Patties, weichen Brötchen, Tomaten, milder Grillsauce und Salatgurke Burger bauen.

Einfrieren & Auftauen: Die Pasta mit Sauce und Hackbällchen portionsweise in Boxen einfrieren. Über Nacht im Kühlschrank oder in der Mikrowelle auf kleinster Stufe in ca. 10 Min. auftauen lassen. Das Gericht in der Mikrowelle bei 600 Watt in ca. 3 Min. erhitzen.

BROTFORM-QUICHE

FÜR 8 PORTIONEN
Zubereiten: 15 Min.
Backen: 30 Min.

Für die Quiche:
½ Bund grüner Spargel
3 Kohlrabi
1 Avocado
6 Eier (M)
50 ml Milch
1 TL edelsüßes Paprikapulver
Salz
4 EL Kokosmehl
2 TL Backpulver
100 g geriebener Gratinkäse

Außerdem:
Butter und Semmelbrösel für die Form

1 Den Backofen auf 180° vorheizen, eine Brotbackform oder eine Kastenform (ca. 30 cm lang) mit Butter einfetten und mit Semmelbröseln ausstreuen.

2 Für die Quiche den Spargel waschen, die Enden abschneiden, die unteren Hälften schälen und die Stangen in ca. 2 cm lange Stücke schneiden. Den Kohlrabi schälen, vierteln und in dünne Scheiben schneiden. Die Avocado halbieren, den Kern entfernen, das Fruchtfleisch mit einem Löffel herausheben und in Würfel schneiden.

3 Die Eier mit Milch, Paprikapulver, Salz, Kokosmehl und Backpulver in einer Schüssel verquirlen. Das Gemüse und den Käse untermischen. Die Masse in der Form verteilen und im Backofen (Mitte) in ca. 30 Min. goldbraun backen. Herausnehmen und leicht abkühlen lassen, aus der Form stürzen und in Scheiben schneiden.

Auch lecker: Die Gemüsesorten sind beliebig austauschbar, außerdem schmeckt die Quiche auch toll mit Fisch. Dafür einfach rohen Fisch, z. B. Lachs, in Würfel schneiden und unter die Eimasse mischen.

Einfrieren & Auftauen: Die Quichescheiben mit Butterbrotpapier dazwischen in eine Box schichten und tiefkühlen. Über Nacht im Kühlschrank oder in der Mikrowelle auf kleinster Stufe in ca. 10 Min. auftauen lassen. Dann in der Mikrowelle bei 600 Watt in ca. 3 Min. erhitzen.

Mogel-Mami: Die Quiche funktioniert auch gut ohne Kokosmehl und Backpulver, ist dann allerdings nicht ganz so locker.

RISI BISI

FÜR 8 PORTIONEN • Zubereiten: 35 Min.
1,1 l Gemüsebrühe • 1 Zwiebel • 1 EL Butter • 300 g Risottoreis • 250 g Tomaten • 1 Bund Petersilie • 60 g Parmesan • 300 g TK-Erbsen (ersatzweise 200 g Brokkoliröschen) • Salz

1 Die Brühe in einem kleinen Topf erhitzen. Die Zwiebel schälen und fein würfeln. Die Butter in einem weiteren Topf erhitzen und die Zwiebel darin bei kleiner Hitze glasig dünsten. Den Reis ca. 3 Min. mitdünsten. Die Hälfte der Brühe dazugeben und bei kleiner Hitze unter gelegentlichem Rühren köcheln lassen, bis die Flüssigkeit fast vollständig aufgesogen ist.

2 Nach und nach die restliche Brühe hinzufügen und köcheln lassen, bis die Flüssigkeit aufgesogen und der Reis gar ist.

3 Inzwischen die Tomaten waschen und halbieren, in 2 cm große Stücke schneiden und dabei die Stielansätze entfernen. Die Petersilie waschen und trocken schütteln, Blätter abzupfen und fein hacken. Parmesan grob reiben.

4 Etwa 5 Min. vor Garzeitende des Reises Erbsen, Tomaten, Petersilie und Parmesan untermischen. Mit Salz abschmecken. Die Herdplatte ausschalten und das Risi Bisi zugedeckt ca. 5 Min. ruhen lassen.

Auch lecker: Am liebsten kunterbunt! Lass einfach dein Kind entscheiden, was sein Lieblings-Risi-Bisi enthalten soll: Kürbis, Bratwurststückchen, Zucchini, Äpfel, Nüsse, Garnelen …

Einfrieren & Auftauen: Das Risi Bisi portionsweise in Boxen tiefkühlen. Über Nacht im Kühlschrank oder in der Mikrowelle auf kleinster Stufe in ca. 10 Min. auftauen lassen. Dann mit 3 EL Wasser in der Mikrowelle bei 600 Watt in ca. 3 Min. oder in einem Topf erhitzen.

PUFF PASTRY PIZZA

FÜR 8 STÜCK • Zubereiten: 20 Min. • Backen: 20 Min.
1 Pck. Blätterteig (aus dem Kühlregal; ca. 24 × 40 cm) • 8 Stangen grüner Spargel • 8 Kirschtomaten • 8 Zuckerschoten • ½ rote Paprika • Salz • ½ TL Knoblauchpulver • 1 EL Olivenöl • 100 g Tomatensauce (Fertigprodukt; ersatzweise rotes Pesto) • 100 g geriebener Pizzakäse

1 Den Backofen auf 200° (vorzugsweise Umluft) vorheizen, ein Blech mit Backpapier belegen. Den Blätterteig aus dem Kühlschrank nehmen. Den Spargel waschen und die Enden abschneiden, die Stangen in der unteren Hälfte schälen und jeweils längs und quer halbieren. Die Tomaten und die Zuckerschoten waschen und halbieren. Die Paprika waschen, weiße Trennwände und Kerne entfernen, die Hälfte in feine Streifen schneiden.

2 In einer Schüssel das Gemüse mit Salz, Knoblauchpulver sowie Öl mischen und auf dem Blech verteilen. Das Gemüse im Backofen (Mitte) in 10–15 Min. bissfest garen.

3 Den Blätterteig in acht gleich große Rechtecke schneiden und mit Abstand auf das Blech legen. Mit einem Messer jeweils einen 5 mm breiten Rand einritzen (nicht durchschneiden). Die Pizzen mit der Tomatensauce bestreichen, dabei den Rand frei lassen, und mit der Hälfte des Käses bestreuen. Das Gemüse darauf verteilen und mit dem übrigen Käse bestreuen. Die Pizzen im Backofen (Mitte) in ca. 20 Min. goldbraun backen. Herausnehmen und leicht abgekühlt servieren.

Einfrieren & Auftauen: Die Pizzen mit Butterbrotpapier dazwischen in einen Gefrierbeutel stapeln und tiefkühlen. Die TK-Pizzen im 220° heißen Backofen in 6–8 Min. knusprig aufbacken.

Meal-Prep-Pro: Statt mit gekaufter Tomatensauce kann man die Puff Pastry Pizza auch mit unserer Hidden-Veggie-Tomatensauce bestreichen.

GERÖSTETE SUPPE

FÜR 16 PORTIONEN
Zubereiten: 45 Min.
Garen: 35 Min.

1 Aubergine
1 Zucchino
5 große Möhren
2 rote Paprika
½ Blumenkohl
4 Tomaten
1 Zwiebel
3 Knoblauchzehen
2 EL Olivenöl
½ EL Zimtpulver
½ EL gemahlener Kreuzkümmel
Salz
1 l Gemüsebrühe (ersatzweise Hühnerbrühe)
400 g Kokosmilch
150 g Crème fraîche

1 Den Backofen auf 220° vorheizen, ein Blech mit Backpapier belegen. Aubergine und Zucchino putzen, waschen und in Scheiben schneiden. Die Möhren putzen, schälen und in grobe Stücke schneiden. Die Paprika waschen, halbieren, weiße Trennwände und Kerne entfernen, die Hälften in grobe Stücke schneiden. Den Blumenkohl putzen, waschen und in Röschen teilen. Die Tomaten waschen, vierteln und dabei die Stielansätze entfernen. Die Zwiebel schälen und in feine Ringe schneiden. Die Knoblauchzehen schälen und andrücken.

2 Das Gemüse mit Öl, Gewürzen und Salz in einer Schüssel mischen und gleichmäßig auf dem Blech verteilen, im Backofen (Mitte) in ca. 35 Min. weich und leicht braun garen.

3 Die Brühe mit dem Gemüse in einem Topf aufkochen und 10–15 Min. köcheln lassen. Die Kokosmilch angießen und alles mit dem Pürierstab fein mixen. Die Suppe mit Salz würzen.

4 Die Suppe in Schälchen verteilen und jeweils mit einem Klecks Crème fraîche garnieren. Nach Belieben mit gerösteten Brotwürfeln bestreuen (siehe Tipp).

Einfrieren & Auftauen:
Die Suppe portionsweise ohne Crème fraîche in Boxen tiefkühlen. Über Nacht im Kühlschrank oder in der Mikrowelle auf kleinster Stufe in ca. 10 Min. auftauen lassen. Dann in der Mikrowelle bei 600 Watt in ca. 3 Min. oder in einem Topf erhitzen und mit einem Klecks Crème fraîche toppen.

Küchentipp: Diese Suppe ist ein toller Resteverwerter. Die Gemüsesorten sind austausch- und nach Belieben kombinierbar. Man sollte allerdings darauf achten, dass der größte Teil des Gemüses rot, gelb oder orange ist, damit die Suppe eine schöne Farbe bekommt. Toll ist zum Beispiel auch Süßkartoffel oder Kürbis.

Auch lecker: Etwas Halloumi in Würfel schneiden, in einer Pfanne in 1 EL Öl rundherum in ca. 5 Min. goldbraun braten und auf die Suppe streuen. Alternativ Brot vom Vortag in Würfel schneiden und in 1 EL Öl goldbraun braten.

PIZZASCHNECKEN

FÜR 12 STÜCK
Zubereiten: 25 Min.
Ruhen: 1 Std.
Backen: 25 Min.

550 g Weizenmehl (Type 550; + Mehl zum Arbeiten)
1 Pck. Trockenhefe
Salz
½ Zucchino
250 g passierte Tomaten (Tetrapak)
Pfeffer
100 g Schafskäse (Feta)
8 getrocknete Tomaten
1 Bund Basilikum

Meal-Prep-Pro: Diesen Hefeteig kannst du auch süß füllen. Einfach Schoko-Nuss-Mus oder Erdbeeraufstrich auf den Teig streichen, aufrollen, in Scheiben schneiden und wie beschrieben goldbraun backen.

1 Mehl, Hefe und 1 TL Salz in einer Schüssel mischen. 300 ml lauwarmes Wasser dazugeben und alles mit den Knethaken des Handrührgeräts oder den Händen zu einem glatten Teig verkneten. Den Teig zugedeckt an einem warmen Ort ca. 1 Std. gehen lassen.

2 Inzwischen den Zucchino putzen, waschen und grob raspeln. Die passierten Tomaten in einem Schälchen mit Salz und Pfeffer würzen. Den Schafskäse mit den Fingern zerbröseln. Die getrockneten Tomaten sehr klein schneiden. Das Basilikum waschen und trocken schütteln, die Blätter abzupfen und in feine Streifen schneiden.

3 Den Backofen auf 190° vorheizen, ein Blech mit Backpapier belegen. Den Hefeteig auf der mit Mehl bestäubten Arbeitsfläche ca. 40 × 30 cm groß ausrollen. Die Tomatensauce auf dem Teig verteilen. Zucchino, Käse, Tomaten und Basilikum daraufstreuen. Den Teig von der langen Seite her aufrollen und die Roulade mit einem scharfen Messer in zwölf Stücke à 3–4 cm schneiden. Die Schnecken mit der Schnittfläche nach oben auf das Blech legen und im Ofen (Mitte) in ca. 25 Min. goldbraun backen. Herausnehmen und lauwarm oder abgekühlt servieren.

Einfrieren & Auftauen: Die Pizzaschnecken in einer Box oder einem Gefrierbeutel tiefkühlen. Zum Aufwärmen bei Zimmertemperatur 1 Std. antauen lassen und im 200° heißen Backofen in ca. 6 Min. knusprig backen. Wenn's ganz schnell gehen soll, kannst du die Schnecken auch in der Mikrowelle bei 600 Watt in ca. 3 Min. auftauen, sie sind dann zwar nicht knusprig, schmecken aber trotzdem lecker.

FROZEN JOGHURT
MIT DATTELN UND PISTAZIEN

FÜR 8 PORTIONEN
Zubereiten: 10 Min.
Tiefkühlen: 4 Std.

500 g griech. Joghurt (10 % Fett)
6 Datteln (entsteint)
125 g Erdbeeren
30 g geschälte ungesalzene Pistazienkerne

1 Den Joghurt und die Datteln in einem hohen Rührbecher mit dem Pürierstab fein mixen. Eine Auflaufform, die in das Tiefkühlfach passt, mit Backpapier auslegen und das Joghurt-Dattel-Püree darin gleichmäßig ca. 1 cm hoch verteilen.

2 Die Erdbeeren waschen und putzen, in dünne Scheiben schneiden und auf der Joghurtmasse verteilen. Die Pistazien in einen Gefrierbeutel geben, mit einem Löffel kleiner klopfen und auf den Joghurt streuen. Die Masse im Tiefkühlfach mindestens 4 Std. gefrieren lassen.

3 Den Frozen Joghurt vom Backpapier lösen, mit einem Messer in kindermundgerechte Stücke stechen und in einer Box tiefkühlen. Oder große Stücke jeweils zur Hälfte mit etwas Butterbrotpapier umwickeln und sofort servieren.

Auch lecker: Kinder haben beim Dekorieren der Joghurtmasse großen Spaß. Wie gut, dass das Rezept unendlich variabel ist! Man kann beliebige Beeren verwenden, Granola, Haferflocken pur sowie alle Arten von Nüssen. Wer es süßer mag, mischt etwas Honig unter den Joghurt oder dekoriert mit gehackter Schokolade. Wichtig: Babys unter 12 Monaten sollten keinen Honig essen.

SOMMER

FRIED STICKY RICE

MIT EI UND BROKKOLI

FÜR 8 PORTIONEN
Zubereiten: 40 Min.

125 g Sushi-Reis
1 kleiner Brokkoli
4 Eier (M)
Salz
1 Knoblauchzehe
1 EL Honig
3 EL Sojasauce
2 EL Öl
2 TL Sesamöl

Küchentipp: Für kleinere Kinder kann der Brokkoli vorab in kochendem Wasser 4 Min. blanchiert werden. Dann ist er nach dem Braten schön weich.

1 Den Reis in einem Sieb mit kaltem Wasser abbrausen, bis das Wasser klar abläuft, und abtropfen lassen. Dann in einem Topf mit 280 ml Wasser zum Kochen bringen, 2 Min. kochen lassen und auf sehr kleiner Hitze zugedeckt 15 Min. quellen lassen. Den Topf vom Herd nehmen, den Reis durchrühren und zugedeckt weitere 15 Min. ziehen lassen.

2 Inzwischen den Brokkoli putzen, in mundgerechte Röschen schneiden und waschen. Die Eier in einer Schüssel mit etwas Salz verquirlen. Den Knoblauch schälen, in ein Schälchen pressen, mit Honig und Sojasauce verrühren.

3 In einer Pfanne 1 EL Öl erhitzen. Den Brokkoli darin verteilen und ohne Rühren 3–5 Min. braten, dann unter Rühren weitere 3 Min. braten, bis er gebräunt und bissfest gegart ist. Den Brokkoli in eine Schüssel geben und beiseitestellen.

4 Das übrige Öl (1 EL) in der Pfanne erhitzen. Die Eier darin kurz stocken lassen, mit einem Spatel verrühren und zerteilen. Den Reis und die Soja-Honig-Mischung unterrühren, die Masse gleichmäßig in die Pfanne drücken und in 3–5 Min. knusprig braun braten. Den Brokkoli mit dem gebratenen Eierreis mischen. Die Pfanne vom Herd nehmen und das Sesamöl unter den Brokkoli-Eierreis rühren.

Einfrieren & Auftauen: Den gebratenen Reis portionsweise in Boxen einfrieren. Über Nacht im Kühlschrank oder in der Mikrowelle auf kleinster Stufe in ca. 10 Min. auftauen lassen. Dann in der Mikrowelle bei 600 Watt in ca. 3 Min. erhitzen oder in einer Pfanne mit etwas Öl knusprig braten.

ONE-POT-PASTA

FÜR 8 PORTIONEN • Zubereiten: 30 Min.
1 Zwiebel • 500 g Brokkoli • 2 EL Öl • 300 g Penne • 250 g TK-Garnelen • 200 g Sahne • 650 ml Gemüsebrühe • 1 Bio-Zitrone • Salz • Pfeffer

1 Die Zwiebel schälen und fein würfeln. Den Brokkoli putzen, waschen und ca. 2 cm kleine Röschen abschneiden. Den Strunk schälen und in 5 mm dicke Scheiben schneiden.

2 In einem großen Topf das Öl erhitzen. Die Zwiebel darin unter Rühren ca. 4 Min. andünsten. Brokkoli, Nudeln, Garnelen, Sahne und Brühe dazugeben, aufkochen und alles zugedeckt unter gelegentlichem Rühren in ca. 20 Min. gar köcheln lassen.

3 Inzwischen die Zitrone heiß waschen und abtrocknen, die Schale abreiben und den Saft auspressen. Die One-Pot-Pasta mit Zitronensaft und -schale sowie Salz und Pfeffer würzen.

Auch lecker: Für eine Veggie-Variante die Garnelen durch 200 g TK-Erbsen ersetzen.

Einfrieren & Auftauen: Die One-Pot-Pasta portionsweise in Boxen einfrieren. Über Nacht im Kühlschrank oder in der Mikrowelle auf kleinster Stufe in ca. 10 Min. auftauen lassen. Dann in der Mikrowelle bei 600 Watt in ca. 3 Min. erhitzen oder in einem Topf mit 3 EL Wasser bei kleiner Hitze erwärmen.

Küchentipp: Je nach Pastasorte ist die Kochzeit unterschiedlich. Idealerweise nimmst du Nudeln mit 10 Min. Kochzeit. Da die Nudeln hier nicht frei schwimmen können, garen sie langsamer. Teste nach 15 Min., ob die Pasta bissfest ist.

RAVIOLI MIT RICOTTA

FÜR 8 PORTIONEN • Zubereiten: 25 Min.
750 g Ravioli (aus dem Kühlregal; ersatzweise Tortellini) • Salz • 200 g TK-Erbsen • 50 g Salatkerne-Mix • ½ Bund Petersilie • 250 g Ricotta • frisch geriebene Muskatnuss

1 Die Ravioli in Salzwasser nach Packungsanweisung gar kochen, dabei 2 Min. vor Garzeitende die Erbsen dazugeben.

2 Inzwischen die Salatkerne fein hacken. Die Petersilie waschen und trocken schütteln, die Blätter abzupfen und fein hacken.

3 In einer großen Schüssel den Ricotta mit Salatkernen und Petersilie mischen. Die Masse mit Salz würzen.

4 Ravioli und Erbsen in ein Sieb abgießen, dabei ca. 50 ml Kochwasser auffangen. Den Ricotta mit dem Kochwasser verrühren, Erbsen und Ravioli untermischen. Mit Muskatnuss und Salz würzen. Falls nötig, etwas mehr Kochwasser dazugeben.

Einfrieren & Auftauen: Die Ravioli portionsweise in Boxen einfrieren. Über Nacht im Kühlschrank oder in der Mikrowelle auf kleinster Stufe in ca. 10 Min. auftauen lassen. Dann in der Mikrowelle bei 600 Watt in ca. 3 Min. erhitzen oder in einem Topf mit 3 EL Wasser bei kleiner Hitze erwärmen.

KICHERERBSENCURRY
MIT GRÜNEN BOHNEN

FÜR 8 PORTIONEN
Zubereiten: 30 Min.

1 rote Zwiebel
2 Knoblauchzehen
1 Stück Ingwer (1 cm lang)
1 große Möhre
250 g grüne Bohnen
2 EL Öl
2 TL gelbe Currypaste
Salz
400 g Kokosmilch
1 Dose Kichererbsen (400 g)

1 Zwiebel, Knoblauch und Ingwer schälen und fein würfeln. Die Möhre putzen, schälen, längs halbieren und in 1 cm große Stücke schneiden. Die Bohnen waschen, putzen und in 4 cm große Stücke schneiden.

2 Das Öl in einem Topf erhitzen, Zwiebeln, Knoblauch, Ingwer und Möhren darin bei mittlerer Hitze ca. 3 Min. anbraten. Die Bohnen dazugeben und mit 40 ml Wasser ablöschen. Alles bei kleiner bis mittlerer Hitze zugedeckt ca. 5 Min. garen.

3 Die Currypaste unter das Gemüse mischen, salzen und die Kokosmilch angießen. Die Kichererbsen in ein Sieb abgießen und untermischen. Das Gemüse zugedeckt in ca. 10 Min. gar köcheln lassen. Das Curry mit Salz abschmecken. Dazu passt Reis, Hirse oder Bulgur.

Auch lecker: Das Curry ist auch mit anderen Gemüsen sehr lecker, beispielsweise mit Kürbis, Zuckerschoten, Paprika oder Staudensellerie.

Einfrieren & Auftauen: Das Curry portionsweise in Boxen einfrieren. Über Nacht im Kühlschrank oder in der Mikrowelle auf kleinster Stufe in ca. 10 Min. auftauen lassen. Dann in der Mikrowelle bei 600 Watt in ca. 3 Min. oder im Topf in ca. 5 Min. erhitzen.

OFENHUHN

MIT KARTOFFELN UND TOMATEN

FÜR 16 PORTIONEN
Zubereiten: 15 Min.
Garen: 50 Min.

½ Stange Lauch
600 g kleine Kartoffeln (Drillinge)
250 g Kirschtomaten
4 Zweige Thymian
2 Möhren
1 Zwiebel
6 Knoblauchzehen
2 EL Olivenöl
Salz
1 TL edelsüßes Paprikapulver
1 Hähnchen (ca. 1,7 kg)
100 g Butter
500 ml Hühnerbrühe (ersatzweise Gemüsebrühe)
2 EL Saucenbinder (nach Belieben)

Einfrieren & Auftauen: Das Fleisch portionsweise in Boxen oder Gefrierbeuteln tiefkühlen. Das Gemüse mit der Sauce ebenfalls portionsweise in Boxen einfrieren. Beides über Nacht im Kühlschrank oder in der Mikrowelle auf kleinster Stufe in ca. 10 Min. auftauen lassen. Dann in der Mikrowelle bei 600 Watt in ca. 3 Min. oder im Topf in ca. 5 Min. erhitzen.

1 Den Backofen auf 250° vorheizen. Den Lauch putzen, waschen, trocken schütteln und in grobe Stücke schneiden. Die Kartoffeln und die Tomaten waschen. Den Thymian waschen und trocken schütteln. Die Möhren putzen, schälen und in grobe Stücke schneiden. Die Zwiebel schälen, halbieren und in Scheiben schneiden. Den Knoblauch ungeschält längs tief einritzen. Das Gemüse auf dem Blech mit dem Öl, Salz und Paprikapulver mischen, den Thymian dazwischenlegen.

2 Das Hähnchen innen und außen waschen und mit Küchenpapier trocken tupfen. Die Butter in einem Topf oder in der Mikrowelle weich werden lassen. Das Hähnchen rund-herum mit der Hälfte der Butter bestreichen und mit Salz würzen. Dann mit der Brustseite nach unten auf das Gemüse legen und im Backofen (Mitte) in ca. 20 Min. goldbraun backen.

3 Inzwischen in einem Topf die Brühe erhitzen. Das Blech aus dem Ofen nehmen, das Hähnchen wenden und mit der restlichen Butter bestreichen. Die Brühe angießen und das Hähnchen auf der anderen Seite in ca. 30 Min. ebenfalls goldbraun backen.

4 Das Hähnchen auf eine vorgewärmte Platte legen. Die Sauce in einen Topf abseihen und erhitzen. 2 gegarte Kartoffeln schälen (das übrige Gemüse warm halten) und mit dem Pürierstab in die Sauce mixen. Alternativ die Sauce mit Saucenbinder nach Packungsanweisung aufkochen lassen.

5 Das Brustfleisch jeweils längs durchschneiden und von den Knochen lösen. Die Beine und die Flügel mit einem Messer am Gelenk abtrennen. Das Fleisch mit dem Gemüse und der Sauce servieren.

PITA MIT FALAFEL

FÜR 8 PORTIONEN
Zubereiten: 15 Min.
Einweichen: 8 Std.

400 g Kichererbsen
1 Bio-Salatgurke
Salz
2 Möhren
1 Bund Petersilie
½ Zwiebel
1 Knoblauchzehe
5 EL Olivenöl
1 geh. TL Backpulver
1 geh. TL gemahlener Kreuzkümmel
5 EL Bratöl
200 g griech. Joghurt (mind. 5 % Fett)
4 Pita-Brote

Einfrieren & Auftauen:
Die rohen oder ausgebackenen Falafel in einem Gefrierbeutel tiefkühlen. Über Nacht im Kühlschrank oder in der Mikrowelle auf kleinster Stufe in ca. 10 Min. auftauen lassen. Die frittierten Falafel in der Mikrowelle bei 600 Watt in ca. 3 Min. erhitzen oder im 190° heißen Backofen in ca. 15 Min. aufbacken. Die rohen Falafel wie beschrieben ausbacken. Die Pita-Taschen in einen Gefrierbeutel gestapelt tiefkühlen. Die Taschen im Toaster erwärmen.

1 Die Kichererbsen in einer Schüssel mit Wasser bedeckt mindestens 8 Std. (oder über Nacht) einweichen lassen. In ein Sieb abgießen, kalt abbrausen und abtropfen lassen.

2 Die Gurke putzen, waschen und grob raspeln, kräftig salzen und beiseitestellen. Die Möhren putzen, schälen und ebenfalls grob raspeln. Die Petersilie waschen, trocken schütteln und die Blätter abzupfen.

3 Zwiebel und Knoblauch schälen, grob würfeln und mit Kichererbsen, Petersilie, Olivenöl, Backpulver, Kreuzkümmel und Salz in ein hohes Rührgefäß geben. Alles mit dem Pürierstab zu einem groben Teig mixen. Alternativ die Zutaten portionsweise im Standmixer pürieren.

4 Den Kichererbsenteig zu 16 ca. 3 cm großen Kugeln rollen und etwas platt drücken. Das Bratöl in einer großen Pfanne erhitzen (der Boden sollte gut mit Öl bedeckt sein) und die Falafel darin rundherum in ca. 5 Min. knusprig braun backen.

5 Inzwischen die Gurke mit den Händen ausdrücken und in einem Schälchen mit dem Joghurt verrühren.

6 Die Pita-Brote im Toaster oder nach Packungsanweisung im Backofen erwärmen, halbieren und etwas öffnen. Die Taschen jeweils mit 1 EL Gurken-Joghurt ausstreichen, mit einem Achtel der Möhren und zwei Falafel füllen. Den übrigen Gurken-Joghurt als Dip servieren.

Mogel-Mami: Wenn dein Kind mit dem Falafel-Pita fremdelt, kannst du es anfangs auch statt mit Gurken-Joghurt mit fruchtigem Ketchup füllen.

Meal-Prep-Pro: Falafel kann man auch zu Salat, als gesunden Snack mit Dip, etwa mit Pink Hummus, oder als Fleischersatz auf einem Burger servieren.

MAC 'N' CHEESE

FÜR 8 PORTIONEN
Zubereiten: 20 Min.
Backen: 30 Min.

300 g Makkaroni (ersatzweise Hörnchen-Nudeln)
Salz
500 g Brokkoli
1 EL Butter
1 EL Mehl
500 ml Milch
Pfeffer
2 Msp. frisch geriebene Muskatnuss
200 g Cheddar

1 Die Makkaroni nach Packungsanweisung in Salzwasser bissfest garen.

2 Inzwischen den Brokkoli putzen, waschen und in ca. 2 cm großen Röschen vom Stiel schneiden. Den Stiel schälen und in 5 mm dicke Scheiben schneiden. Brokkoliröschen und -stiel 3 Min. vor Garzeitende zu den Nudeln geben und mitkochen. Nudeln und Brokkoli in ein Sieb abgießen und tropfnass in eine große ofenfeste Form (ca. 25 × 20 cm) geben.

3 Den Backofen auf 200° vorheizen. Die Butter in einem kleinen Topf erhitzen, das Mehl dazugeben und mit dem Schneebesen zu einer gelben, cremigen Masse verrühren. Mit ca. 100 ml Milch ablöschen und diese unter Rühren bei mittlerer Hitze einkochen lassen. Nach und nach die übrige Milch (400 ml) dazugeben und unter ständigem Rühren zu einer cremigen Béchamelsauce köcheln lassen. Mit Salz, Pfeffer und Muskatnuss würzen.

4 Die Sauce über die Nudeln und den Brokkoli verteilen und alles mit einem Löffel durchmischen. Den Käse fein reiben und darüberstreuen. Die Mac 'n' Cheese im Backofen (Mitte) in ca. 30 Min. goldbraun backen.

Einfrieren & Auftauen: Die Mac 'n' Cheese portionsweise in Boxen tiefkühlen. Über Nacht im Kühlschrank oder in der Mikrowelle auf kleinster Stufe in ca. 10 Min. auftauen lassen. Dann in der Mikrowelle bei 600 Watt in ca. 3 Min. erhitzen oder im 200° heißen Backofen in ca. 10 Min. aufbacken.

HALLOUMI-BRATLINGE

FÜR 16 STÜCK
Zubereiten: 40 Min.
Ruhen: 15. Min.

2 Zucchini
1 Petersilienwurzel (ersatzweise 1 Möhre)
Salz
450 g Halloumi
½ Bund Petersilie
2 Eier (M)
2 EL Mehl
3 EL Semmelbrösel
6 EL Öl

Mogel-Mami: Wenn dein Kind mal keine Lust auf Brote in der Pausenbox hat – Halloumi-Bratlinge sind ein saftiges, sättigendes Fingerfood.

1 Die Zucchini putzen, waschen und grob raspeln. Die Petersilienwurzel putzen, schälen und ebenfalls grob raspeln. Beides in einem Sieb mit 1 TL Salz mischen und darin auf einem Teller beiseitestellen.

2 Inzwischen den Halloumi grob reiben. Die Petersilie waschen und trocken schütteln, die Blätter abzupfen und fein hacken. Die Eier in einer Schüssel verquirlen.

3 Die Zucchini-Petersilienwurzel-Masse mit den Händen ausdrücken. Auf ein Geschirrtuch geben, dieses über der Masse zusammenfassen und erneut möglichst viel Flüssigkeit ausdrücken. Die Masse mit Halloumi, Petersilie, Eiern, Mehl und Semmelbröseln in einer Schüssel mit den Händen mischen.

4 Aus der Masse 16 Plätzchen mit ca. 5 cm Ø formen und auf zwei Tellern im Kühlschrank 15 Min. ruhen lassen.

5 In einer großen Pfanne die Hälfte des Öls erhitzen und acht Bratlinge darin bei mittlerer Hitze auf jeder Seite in 4–5 Min. knusprig braun backen. Aus der übrigen Masse auf die gleiche Weise im restlichen Öl (3 EL) acht weitere Bratlinge backen. Dazu passt ein Tomatensalat.

Einfrieren & Auftauen: Die Bratlinge auf einem Blech ca. 5 Std. vorfrieren, in Gefrierbeutel gestapelt tiefkühlen. Über Nacht im Kühlschrank oder in der Mikrowelle auf kleinster Stufe in ca. 10 Min. auftauen lassen. Dann in der Mikrowelle bei 600 Watt in ca. 3 Min. erhitzen oder mit Öl in einer Pfanne bei kleiner Hitze braten.

WEISSE PIZZA
MIT BLUMENKOHL

FÜR 8 PORTIONEN
Zubereiten: 35 Min.
Ruhen: 35 Min.
Backen: 35 Min.

1 Blumenkohl
200 g geriebener Mozzarella
1 Ei (M)
1 TL getrockneter Oregano
½ TL Knoblauchpulver
Salz
1 kleiner Zucchino
2 festkochende Kartoffeln
2 EL Olivenöl

Küchentipp: Die Pizza funktioniert auch toll mit würziger Tomatensauce und den Lieblingstoppings deines Kindes.

Einfrieren & Auftauen:
Die Böden nur auf einer Seite backen, mit Butterbrotpapier stapeln und in Gefrierbeuteln tiefkühlen. Die TK-Böden belegen und die Pizzen wie beschrieben knusprig backen.

1 Den Blumenkohl putzen, waschen, in kleine Stücke schneiden und in einen Topf geben. Etwa 2 cm hoch Wasser anfüllen und den Blumenkohl zugedeckt in 10–15 Min. garen.

2 Den Blumenkohl in ein Sieb abgießen, kurz abtropfen lassen und im Blitzhacker zu einer reisartigen Konsistenz verarbeiten. Den Blumenkohlreis auf ein Geschirrtuch geben und ca. 15 Min. abkühlen lassen.

3 Den Backofen auf 260° vorheizen, ein Blech mit Backpapier belegen. Das Tuch über dem Blumenkohl zusammenfassen und möglichst viel Flüssigkeit ausdrücken. Die Blumenkohlmasse in einer großen Schüssel mit 60 g Mozzarella, Ei, Oregano, Knoblauchpulver und etwas Salz teigartig vermischen. Die Masse zu zwei Kugeln formen.

4 Die beiden Teigkugeln auf dem Blech mit den Händen zu zwei runden, ca. 5 mm dicken Pizzaböden drücken. (Der Teig ist nasser als Pizzateig, wird aber trotzdem zusammenhalten.)

5 Die Pizzaböden im Backofen (Mitte) 10 Min. backen (siehe Tipp »Einfrieren & Auftauen«). Das Blech herausnehmen und die Böden mithilfe eines zweiten mit Backpapier belegten Blechs oder zwei Tellern wenden. Die Böden auf den anderen Seiten ebenfalls 10 Min. backen.

6 Inzwischen den Zucchino putzen und waschen. Die Kartoffeln schälen und waschen. Beides mit einem Messer oder Hobel in hauchdünne Scheiben schneiden, in einer Schüssel salzen, mit kaltem Wasser bedecken und 20 Min. ziehen lassen. Die Gemüsescheiben in ein Sieb abgießen, abtropfen und auf Küchenpapier trocknen lassen.

7 Die Pizzaböden mit etwas Olivenöl bestreichen und mit 70 g Mozzarella bestreuen. Gleichmäßig mit Zucchini- und Kartoffelscheiben belegen und mit dem restlichen Olivenöl beträufeln. Den übrigen Käse (70 g) darüberstreuen und die Pizzen in 10–15 Min. knusprig backen.

GEFÜLLTE PAPRIKA
MIT SPINAT UND COUSCOUS

FÜR 8 PORTIONEN
Zubereiten: 30 Min.
Backen: 30 Min.

120 g Couscous
1 Bund Frühlingszwiebeln
125 g Baby-Spinat
2 EL Öl
250 g Ricotta
3 EL Rosinen
Salz | Pfeffer
1 TL edelsüßes Paprikapulver
1 Knoblauchzehe
2 Zweige Rosmarin
2 kleine Dosen stückige Tomaten (800 g)
1 TL getrocknete ital. Kräuter
1 Msp. Zucker
4 Paprika
100 g alter Gouda

1 Den Couscous in einer großen Schüssel mit 200 ml kochendem Wasser übergießen und zugedeckt quellen lassen.

2 Inzwischen die Frühlingszwiebeln putzen, waschen und in 5 mm dicke Ringe schneiden. Den Spinat verlesen, waschen und in einem Sieb abtropfen lassen. In einer großen Pfanne 1 EL Öl erhitzen und die Frühlingszwiebeln darin bei kleiner Hitze ca. 3 Min. andünsten. Den Spinat dazugeben und unter Rühren bei mittlerer Hitze zusammenfallen lassen. Den Ricotta mit den Rosinen untermischen. Den Ricotta-Spinat mit dem Couscous in der Schüssel mischen, mit Salz, Pfeffer und edelsüßem Paprikapulver abschmecken.

3 Den Knoblauch schälen und fein hacken. Den Rosmarin waschen und trocken schütteln. In einem Topf das restliche Öl (1 EL) erhitzen, Knoblauch und Rosmarin darin bei kleiner Hitze andünsten. Die Tomaten dazugeben, aufkochen lassen, mit Salz, Pfeffer, getrockneten Kräutern und Zucker würzen.

4 Den Backofen auf 180° vorheizen. Die Tomatensauce samt Rosmarinzweigen in eine große Auflaufform füllen. Die Paprika waschen, halbieren, weiße Trennwände und Kerne entfernen. Die Couscous-Ricotta-Masse in die Paprikahälften verteilen und fest hineindrücken. Die Paprika mit der Füllung nach oben in die Auflaufform setzen. Den Käse fein reiben und auf der Füllung verteilen. Die Paprika im Backofen (Mitte) in ca. 30 Min. goldbraun backen.

Einfrieren & Auftauen: Die Paprika mit Sauce portionsweise in Boxen einfrieren. Über Nacht im Kühlschrank oder in der Mikrowelle auf kleinster Stufe in ca. 10 Min. auftauen lassen. Dann in der Mikrowelle bei 600 Watt in ca. 3 Min. oder im 180° heißen Backofen in ca. 12 Min. erhitzen.

TEX-MEX-MUFFINS
MIT ELOTE-MAIS

FÜR 8 PORTIONEN
Zubereiten: 30 Min.
Garen: 25 Min.

Für die Muffins:
1 Ei (M)
1 Schalotte
1 Knoblauchzehe
400 g Rinderhackfleisch (ersatzweise gemischtes Hackfleisch)
4 TL getrockneter Oregano
1 TL gemahlener Kreuzkümmel
Salz
60 g Semmelbrösel (ersatzweise Panko)

Für den Mais:
4 frische Maiskolben (ersatzweise gegarte Maiskolben)
1 EL Olivenöl
1 EL Crème fraîche
1 TL edelsüßes Paprikapulver
1 TL gemahlener Kreuzkümmel
40 g Parmesan
Salz | Pfeffer

1 Für die Fleischküchlein den Backofen auf 180° vorheizen. Das Ei mit einer Gabel verquirlen. Die Schalotte schälen und fein würfeln. Den Knoblauch schälen und durchpressen.

2 In einer großen Schüssel das Hackfleisch, Ei, Schalotte, Knoblauch, Oregano, Kreuzkümmel, Salz und Semmelbrösel mit den Händen mischen. Die Fleischmasse in acht Mulden einer Silikon-Muffinform verteilen und festdrücken. Die Muffins im Backofen (Mitte) in 25 Min. hellbraun garen. Herausnehmen, etwas ruhen lassen und aus den Formen lösen.

3 Inzwischen für den Mais die Maiskolben putzen, waschen und die Körner mit einem scharfen Messer abschneiden (dafür die Kolben am besten senkrecht stellen).

4 In einer Pfanne das Öl erhitzen, den Mais darin unter gelegentlichem Rühren in ca. 10 Min. goldbraun braten. Den Mais in einer Schüssel mit Crème fraîche, Paprika und Kreuzkümmel verrühren. Den Parmesan mit dem Sparschäler fein hobeln und unter den Mais mischen. Mit Salz und Pfeffer würzen. Den Mais mit den Fleischküchlein servieren. Dazu passt ein Klecks saure Sahne.

Für die Erwachsenen:
1 EL gehackte Korianderblätter und ½ gewürfelte rote Zwiebel unter den Mais mischen. Jalapeños (Dose) dazu servieren.

Einfrieren & Auftauen: Das Gericht portionsweise in Boxen tiefkühlen. Über Nacht im Kühlschrank oder in der Mikrowelle auf kleinster Stufe in ca. 10 Min. auftauen lassen. Dann in der Mikrowelle bei 600 Watt in ca. 3 Min. oder in einer Pfanne erhitzen.

BANANEN AM STIEL

FÜR 8 PORTIONEN • Zubereiten: 15 Min. • Tiefkühlen: 2 Std.
4 große reife Bananen • 200 g Kuvertüre (Vollmilch, Zartbitter oder weiß) • je 1 EL Schokostreusel, Kokosraspel, gehackte Nüsse, süßes Granola (nach Belieben) • 8 Holz-Eisstiele (ersatzweise Holz-Schaschlikspieße)

1 Die Bananen schälen, quer halbieren und auf die Holz-Eisstäbchen stecken. Die Bananen am Stiel auf eine mit Backpapier belegte Platte legen und im Tiefkühlfach ca. 1 Std. gefrieren lassen.

2 Die Kuvertüre grob hacken und in einer Schüssel über einem heißen Wasserbad schmelzen lassen. Die Kuvertüre in ein hohes Rührgefäß füllen. Die Bananen aus dem Tiefkühlfach nehmen.

3 Die Bananen nacheinander kopfüber in die Kuvertüre tauchen und sofort mit dem gewünschten Topping bestreuen. Die Bananen wieder auf die Platte legen und mindestens 1 Std. tiefkühlen.

Auftauen: Die Bananen vor dem Servieren bei Zimmertemperatur ca. 5 Min. antauen lassen.

MELONEN-POPSICLES

FÜR 8 PORTIONEN • Zubereiten: 15 Min. • Tiefkühlen: 6 Std.
500 g Wassermelone • 2 Kiwis • 200 g Kokosmilch

1 Das Fruchtfleisch der Wassermelone von der Schale und in Stücke schneiden, dabei die Kerne entfernen. Die Melone in einem hohen Rührbecher mit dem Pürierstab fein mixen. Den Schaum abschöpfen und die Masse in acht Popsicle-Formen verteilen (sie sollten dabei nur zu zwei Dritteln gefüllt sein). Die Popsicles im Tiefkühlfach 1 Std. gefrieren lassen.

2 Die Kiwis schälen, in Stücke schneiden und in einem hohen Rührbecher ebenfalls fein mixen. Das Kiwipüree in den Kühlschrank stellen. Die Kokosmilch ebenfalls kühl stellen.

3 Die Popsicles aus dem Tiefkühlfach nehmen, jeweils 1 Eisstäbchen mittig hineinstecken und die Formen erneut für 1 Std. ins Tiefkühlfach stellen.

4 Die Popsicles herausnehmen, jeweils 1 EL kalte Kokosmilch auf die angefrorene Masse geben und wieder 1 Std. in das Tiefkühlfach stellen. Dann das Kiwipüree auf den Popsicles verteilen. Die Popsicles im Tiefkühlfach mindestens 3 Std. durchfrieren lassen.

Küchentipp: Für einen coolen Wassermelonen-Look ein paar Rosinen grob hacken und unter das Melonenpüree mischen. Beim Einfüllen die Rosinen dann an die Seiten der Popsicles-Formen drücken.

HERBST

BLUMENKOHLBISSEN
MIT PANKO

FÜR 8 PORTIONEN
Zubereiten: 20 Min.
Backen: 20 Min.

1 Blumenkohl
4 Eier (M)
Salz
ca. 150 g Panko (asiat. Semmelbrösel)

1 Den Backofen auf 220° vorheizen, ein Blech mit Backpapier auslegen. Den Blumenkohl putzen, waschen und den Strunk entfernen. Den Blumenkohl in kindermundgerechte Röschen schneiden.

2 Die Eier in einer Schüssel mit Salz verquirlen. Das Panko in eine zweite Schüssel geben. Die Blumenkohlröschen zuerst in den Eiern, dann im Panko wenden, dabei die Pankobrösel etwas andrücken. Die Röschen auf das Blech legen und im Backofen (Mitte) in ca. 20 Min. goldbraun backen.

Für die Erwachsenen: Scharfe Sriracha-Mayo aus dem Asienladen ist der perfekte Dip zu den Blumenkohlbissen.

Einfrieren & Auftauen: Die gebackenen Röschen auf einem Blech im Tiefkühlfach ca. 5 Std. vorfrieren, dann in einem Gefrierbeutel tiefkühlen. Die TK-Blumenkohlbissen im 200° heißen Backofen in 15–20 Min. knusprig aufbacken. Sollten die Blumenkohlbissen beim Aufbacken zu dunkel werden, einfach mit Alufolie abdecken.

ONE-POT-REIS

FÜR 8 PORTIONEN • Zubereiten: 35 Min.
1 Aubergine • 2 Spitzpaprika • 1 Zwiebel • 1 EL Öl • 1 TL Currypulver • Salz • 150 g Basmati-Reis • 300 ml Gemüsebrühe • 50 g Mandelblättchen • ½ Bund Koriandergrün (nach Belieben) • 1 Glas Kichererbsen (240 g Abtropfgewicht)

1 Die Aubergine putzen, waschen und in 1 cm große Würfel schneiden. Die Paprika waschen, halbieren, weiße Trennwände und Kerne entfernen, die Hälften 1 cm groß würfeln. Die Zwiebel schälen und fein würfeln. Das Öl in einem Topf erhitzen, Auberginen, Paprika und Zwiebel darin ca. 3 Min. anbraten.

2 Das Gemüse mit Currypulver und 1 TL Salz würzen, 1 Min. weiterbraten. Den Reis und die Brühe hinzufügen, alles zugedeckt bei kleiner Hitze ca. 20 Min. garen.

3 Inzwischen die Mandelblättchen in einer Pfanne ohne Fett goldbraun anrösten. Nach Belieben den Koriander waschen und trocken schütteln, die Blätter abzupfen und hacken. Die Kichererbsen in ein Sieb abgießen und abtropfen lassen.

4 Kurz vor Ende der Garzeit die Kichererbsen untermischen, kurz mitköcheln lassen und mit Salz abschmecken. Den One-Pot-Reis mit den Mandelblättchen und nach Belieben mit Korianderblättern bestreut servieren.

Mogel-Mami: Als Kind habe ich (Lena) ausschließlich gelben Reis gegessen. Meine Mama hat ihn mit Kurkumapulver gefärbt und mich so dafür begeistert. Du kannst Reis auch mit Möhren- oder Rote-Bete-Saft ein spannendes Aussehen geben.

Einfrieren & Auftauen: Den One-Pot-Reis mit Mandelblättchen und Koriander (nach Belieben) bestreut portionsweise in Boxen tiefkühlen. Über Nacht im Kühlschrank oder in der Mikrowelle auf kleinster Stufe in ca. 10 Min. auftauen lassen. Das Gericht mit ca. 3 EL Wasser in der Mikrowelle bei 600 Watt in ca. 3 Min. oder in einem Topf erhitzen.

KARTOFFELWAFFELN

FÜR 8 STÜCK • Zubereiten: 45 Min.
900 g vorwiegend festkochende Kartoffeln • 1 Zwiebel • 5 Zweige Thymian • 40 g Parmesan (ersatzweise 2 EL Hefeflocken) • 100 g Mehl • 50 g Speisestärke • Salz • 120 g Joghurt • 4 Eier (M) • Öl für das Waffeleisen

1 Die Kartoffeln schälen, 1 cm groß würfeln und in einem Topf in wenig Wasser zugedeckt ca. 15 Min. weich kochen. Die Kartoffeln abgießen, in eine große Schüssel füllen und mit dem Kartoffelstampfer grob zerdrücken.

2 Die Zwiebel schälen und fein würfeln. Den Thymian waschen, trocken schütteln und die Blättchen abzupfen. Den Parmesan fein reiben. Zwiebel, Thymian, Parmesan, Mehl, Speisestärke, 1 TL Salz, Joghurt und Eier zu den Kartoffeln geben und alles mit den Quirlen des Handrührgeräts zu einem geschmeidigen Teig verrühren.

3 Das Waffeleisen vorheizen und leicht einölen. Etwa ein Achtel des Teigs in das Waffeleisen geben, zuklappen und die Waffel bei kleiner Hitze goldbraun backen. Herausnehmen und auf einem Kuchengitter auskühlen lassen. Aus dem übrigen Teig auf die gleiche Weise sieben weitere Waffeln backen.

Einfrieren & Auftauen: Die Waffeln in einzelne Herzen geteilt in einer Box oder einem Gefrierbeutel tiefkühlen. Die gefrorenen Waffeln im Toaster aufbacken.

MINI-KNÖDEL
MIT PILZSAUCE

FÜR 8 PORTIONEN
Zubereiten: 1 Std.

500 g Weißbrot
600 ml Milch
100 g Parmesan
1 Bund Thymian
Salz
1 Zwiebel
400 g gemischte Pilze (z. B. Champignons, Austernpilze, Kräuterseitlinge)
2 rote Paprika
2 EL Öl
2 EL Sojasauce
200 g Sahne

1 Das Weißbrot 1 cm groß würfeln und in eine Schüssel geben. In einem Topf 500 ml Milch erhitzen und über die Brotwürfel gießen. Die Brotwürfel ca. 10 Min. ziehen lassen, dabei ab und zu umrühren.

2 Inzwischen den Parmesan fein reiben. Den Thymian waschen, trocken schütteln und die Blättchen abzupfen. Brotwürfel, Parmesan, Thymian und Salz mit den Händen mischen. Aus der Masse ca. 24 golfballgroße Knödel formen. In einem großen Topf mit Dämpfeinsatz ca. 5 cm hoch Wasser einfüllen und erhitzen. Die Hälfte der Knödel in den Dämpfeinsatz legen und zugedeckt ca. 20 Min. im Dampf garen. Herausheben und die übrigen Knödel auf die gleiche Weise garen. (Alternativ die Knödel in siedendem Wasser ca. 12 Min. garen, bis sie nach oben steigen.)

3 Inzwischen die Zwiebel schälen und fein würfeln. Die Pilze mit einem feuchten Tuch abreiben, putzen und in dünne Scheiben schneiden. Die Paprika waschen, vierteln, weiße Trennwände und Kerne entfernen, die Viertel quer in breite Streifen schneiden.

4 Das Öl in einer großen Pfanne erhitzen, die Zwiebeln, Pilze und Paprika darin bei großer Hitze ca. 10 Min. anbraten. Die Hitze reduzieren und mit Sojasauce ablöschen. Sahne und restliche Milch (100 ml) dazugeben und aufkochen lassen. Den Herd ausschalten und die Sauce kurz ziehen lassen.

Einfrieren & Auftauen: Die Knödel mit Sauce portionsweise in Boxen einfrieren. Über Nacht im Kühlschrank oder in der Mikrowelle auf kleinster Stufe in ca. 10 Min. auftauen lassen. Dann in der Mikrowelle bei 600 Watt in ca. 3 Min. oder in einem Topf erhitzen.

SPAGHETTI-MUFFINS

FÜR 12 STÜCK • Zubereiten: 25 Min. • Backen: 35 Min. • Ruhen: 10 Min.
100 g Spaghetti • Salz • 1 kleiner Zucchino • 150 g Brokkoli • 80 g Kirschtomaten • 50 g Oliven (entsteint) • 125 g Mozzarella • ½ Bund Petersilie • 200 g Crème fraîche • 3 Eier (M) • Salz • Öl für die Form

1 Die Spaghetti nach Packungsanweisung in Salzwasser bissfest kochen. Dann in ein Sieb abgießen und gut abtropfen lassen.

2 Inzwischen den Zucchino putzen, waschen und mit dem Spiralschneider fein schneiden.

3 Den Brokkoli putzen, waschen, die Röschen abschneiden und fein hacken. Die Tomaten waschen und vierteln. Die Oliven in feine Ringe schneiden. Den Mozzarella 1 cm groß würfeln. Die Petersilie waschen und trocken schütteln, die Blätter abzupfen und fein hacken. Die vorbereiteten Zutaten in einer großen Schüssel mischen.

4 Den Backofen auf 180° vorheizen und die Mulden einer 12er-Muffinform gut einölen. Die Crème fraîche mit den Eiern und Salz verrühren. Die Eier mit den Spaghetti in die Schüssel geben und alles gut mischen.

5 Die Mischung mit der Küchenzange in die Muffinmulden füllen, dabei die Spaghetti leicht eindrehen. Das Gemüse und die übrige Flüssigkeit darüber verteilen. Die Muffins im Backofen (Mitte) in ca. 35 Min. goldbraun backen. 10 Min. ruhen lassen und herausheben.

Einfrieren & Auftauen: Die Muffins in einer Box oder einem Gefrierbeutel tiefkühlen. Über Nacht im Kühlschrank oder in der Mikrowelle auf kleinster Stufe in ca. 10 Min. auftauen lassen. Dann in der Mikrowelle bei 600 Watt in ca. 3 Min. oder im 200° heißen Backofen in ca. 7 Min. erhitzen.

Küchentipp: Man braucht ein wenig Zeit, um die Spaghetti und Zucchinispiralen in den Muffinmulden zu platzieren. Wenn's schnell gehen muss, kann man beides auch einfach klein schneiden.

MÖHREN-GERSOTTO

FÜR 8 PORTIONEN • Zubereiten: 20 Min. • Garen: 30 Min.
500 g Möhren • 2 EL Olivenöl • Salz • 2 Zweige Thymian • 1 Knoblauchzehe • 200 g Gerste • 600 ml Gemüsebrühe • 170 ml Milch • 80 g Mascarpone

1 Den Backofen auf 220° vorheizen, ein Blech mit Backpapier belegen. Die Möhren putzen, schälen, quer halbieren und längs vierteln. Die Möhrensticks in einer Schüssel mit 1 EL Öl und Salz mischen und auf dem Backblech verteilen. Den Thymian waschen, trocken schütteln und dazwischenlegen. Die Möhren im Backofen (Mitte) in 25–30 Min. weich garen.

2 Inzwischen den Knoblauch schälen und fein würfeln. In einem Topf das restliche Öl (1 EL) erhitzen und den Knoblauch darin andünsten. Die Gerste mit der Brühe dazugeben und aufkochen lassen (Achtung, sie kocht leicht über!). Die Gerste zugedeckt ca. 20 Min. garen, bis die Flüssigkeit fast eingekocht ist (wie Risotto).

3 Die Milch erhitzen. Möhren, Milch und Mascarpone in ein hohes Gefäß geben (den Thymian entfernen) und mit dem Pürierstab fein mixen. Die Möhrenmasse salzen und unter die Gerste heben.

Für die Erwachsenen: Einfach etwas Chiliflocken oder fein geschnittenen Dill unter das Gersotto mischen.

Einfrieren & Auftauen: Das Gersotto portionsweise in Boxen tiefkühlen. Über Nacht im Kühlschrank oder in der Mikrowelle auf kleinster Stufe in ca. 10 Min. auftauen lassen. Dann in der Mikrowelle bei 600 Watt in ca. 3 Min. oder in einem Topf mit 2 EL Wasser erhitzen.

SPÄTZLEAUFLAUF
MIT KÜRBIS UND BERGKÄSE

FÜR 8 PORTIONEN
Zubereiten: 30 Min.
Backen: 25 Min.

Für den Auflauf:
500 g Hokkaido-Kürbis
150 g Bergkäse
½ Bund Salbei
1 Knoblauchzehe
Salz
400 g Vollkornmehl
170 ml Mineralwasser
4 Eier (M)

Außerdem:
Öl für die Form
Spätzlereibe

1 Für den Auflauf den Kürbis waschen, putzen, Fasern und Kerne entfernen, das Fruchtfleisch in 1 cm große Würfel schneiden. Die Kürbiswürfel mit wenig Wasser in einen Topf geben und zugedeckt in ca. 20 Min. gar kochen.

2 Inzwischen den Backofen auf 180° vorheizen und eine ofenfeste Form (ca. 15 × 25 cm) mit Öl einfetten. Den Käse fein reiben. Den Salbei waschen und trocken schütteln, die Blätter abzupfen und fein hacken. Den Knoblauch schälen und fein würfeln. In einem großen Topf reichlich Salzwasser zum Kochen bringen.

3 Den Kürbis abgießen und mit dem Pürierstab fein mixen. Das Kürbispüree mit Mehl, Mineralwasser, Eiern und 1 TL Salz in einer großen Schüssel mit den Rührbesen des Handrührgeräts zu einem homogenen Teig mischen.

4 Den Teig auf der Spätzlereibe portionsweise in das siedende Salzwasser reiben und darin ziehen lassen, bis sie nach oben schwimmen. Mit dem Schaumlöffel herausheben, kurz abtropfen lassen und in die Form geben. Den Salbei mit dem Knoblauch unter die Spätzle mischen und den Käse darüberstreuen. Den Spätzleauflauf im Backofen (Mitte) in ca. 25 Min. goldbraun backen.

Einfrieren & Auftauen: Den Auflauf portionsweise in Boxen tiefkühlen. Über Nacht im Kühlschrank oder in der Mikrowelle auf kleinster Stufe in ca. 10 Min. auftauen lassen. Dann in der Mikrowelle bei 600 Watt in ca. 3 Min. oder im 200° heißen Backofen in ca. 10 Min. erhitzen.

DINKEL MIT TOFU
UND GEMÜSEMIX

FÜR 8 PORTIONEN
Zubereiten: 35 Min.

200 g Dinkel wie Reis
300 g TK-grüne-Bohnen
1 Zwiebel
1 gelbe Paprika
2 EL Öl
1 Dose stückige Tomaten (400 g)
Salz
1 TL Currypulver
200 g Räuchertofu
1 EL Sesam

1 Den Dinkel in einem Topf in Salzwasser nach Packungsanweisung gar kochen. Inzwischen in einem Topf Salzwasser erhitzen und die Bohnen darin in ca. 12 Min. weich kochen. Die Zwiebel schälen und fein würfeln. Die Paprika waschen, halbieren, weiße Trennwände und Kerne entfernen, die Hälften in 1 cm breite Streifen schneiden und diese quer halbieren.

2 In einem Topf 1 EL Öl erhitzen, Zwiebel und Paprika darin ca. 5 Min. anbraten. Tomaten dazugeben und mit Salz und Currypulver würzen. Die Paprika zugedeckt in ca. 10 Min. weich köcheln lassen.

3 Die Bohnen in ein Sieb abgießen, abtropfen lassen und unter die Tomatensauce mischen. Den Herd ausschalten und alles zugedeckt ca. 5 Min. ziehen lassen.

4 Den Tofu in 1 cm große Würfel schneiden. Das restliche Öl (1 EL) in einer Pfanne erhitzen und den Tofu darin rundherum kräftig anbraten. Den Sesam untermischen. Den Dinkel mit Gemüse und Tofu servieren.

Einfrieren & Auftauen: Das Dinkel-Gemüse-Gericht portionsweise in Boxen tiefkühlen. Über Nacht im Kühlschrank oder in der Mikrowelle auf kleinster Stufe in ca. 10 Min. auftauen lassen. Dann in der Mikrowelle bei 600 Watt in ca. 3 Min. oder in einem Topf erwärmen.

PFANNKUCHEN
MIT MOZZARELLA ÜBERBACKEN

FÜR 8 PORTIONEN
Zubereiten: 40 Min.
Backen: 25 Min.

260 g Dinkelmehl (Type 630)
380 ml Mineralwasser
3 Eier (M)
Salz
400 g Hokkaido-Kürbis
1 Stange Lauch
3 EL Öl
200 g Frischkäse
2 TL getrocknete ital. Kräuter
250 g Mozzarella
400 g passierte Tomaten (Tetrapak)
Öl für die Form

Einfrieren & Auftauen:
Die Pfannkuchen portionsweise in Boxen tiefkühlen. Über Nacht im Kühlschrank oder in der Mikrowelle auf kleinster Stufe in ca. 10 Min. auftauen lassen. Anschließend in der Mikrowelle bei 600 Watt in ca. 3 Min. oder im 200° heißen Backofen in ca. 8 Min. erhitzen.

1 Mehl, Mineralwasser, Eier und 1 Prise Salz in einer Rührschüssel mit den Rührbesen des Handrührgeräts zu einem glatten Teig verrühren und ruhen lassen.

2 Inzwischen den Kürbis waschen, putzen, Fasern und Kerne entfernen und das Fruchtfleisch in 1 cm große Würfel schneiden. Den Lauch putzen, längs halbieren, waschen, trocken schütteln und in 5 mm dicke Scheiben schneiden. In einem Topf 1 EL Öl erhitzen und den Kürbis mit dem Lauch darin ca. 3 Min. anbraten. Mit 100 ml Wasser ablöschen und das Gemüse zugedeckt ca. 10 Min. garen.

3 Eine große Pfanne erhitzen. Das restliche Öl (2 EL) in eine Tasse füllen und die Pfanne mit wenig Öl einstreichen. Mit einem Schöpflöffel ein Achtel des Teigs in die Pfanne geben und 1–2 Min. goldbraun backen. Den Pfannkuchen wenden und auf der anderen Seite ebenfalls in 1–2 Min. goldbraun backen. Aus dem restlichen Teig auf die gleiche Weise sieben weitere Pfannkuchen backen und auf einem Teller stapeln.

4 Den Backofen auf 180° vorheizen, eine große ofenfeste Form (ca. 15 × 30 cm) mit Öl einfetten. Das Kürbis-Lauch-Gemüse mit dem Frischkäse mischen, mit Salz und 1 TL Kräutern würzen. Den Mozzarella in Scheiben schneiden.

5 Auf den Pfannkuchen im unteren Drittel jeweils ein Achtel des Kürbis-Lauch-Gemüses verteilen. Die Pfannkuchen von der Füllung her aufrollen und in die Form legen. Die passierten Tomaten darübergießen und mit Salz bestreuen. Die restlichen Kräuter (1 TL) darüberstreuen und den Mozzarella darauf verteilen. Die Pfannkuchen im Backofen (Mitte) in 20–25 Min. goldbraun überbacken.

KÄSE-KICHERERBSEN

FÜR 8 PORTIONEN • Zubereiten: 5 Min. • Backen: ca. 30 Min.
1 Dose Kichererbsen (350 g) • 20 g Parmesan • 2 EL mildes Olivenöl • ½ TL Knoblauchpulver • Salz

1 Den Backofen auf 200° vorheizen, ein Blech mit Backpapier belegen. Die Kichererbsen in einem Sieb kalt abbrausen, abtropfen lassen und in einem Geschirrtuch trocken reiben, dabei eventuell abgelöste Häutchen entfernen.

2 Den Parmesan fein reiben und in einer Schüssel mit Olivenöl, Knoblauchpulver und Salz verrühren. Die Kichererbsen untermischen, auf dem Backblech verteilen und im Backofen (Mitte) in ca. 30 Min. goldbraun rösten. Die knusprigen Kichererbsen leicht abgekühlt servieren.

Meal-Prep-Pro: Es lohnt sich, von den Kichererbsen gleich mehr zuzubereiten. Sie sind nicht nur ein toller Snack für unterwegs, sie schmecken auch als Topping auf Suppen und Salaten.

Einfrieren & Auftauen: Die Kichererbsen in einem Gefrierbeutel flach in das Tiefkühlfach legen. Über Nacht im Kühlschrank oder in der Mikrowelle auf kleinster Stufe in ca. 10 Min. auftauen und unter dem vorgeheizten Backofengrill in wenigen Minuten knusprig backen.

KARTOFFELSUPPE

FÜR 8 PORTIONEN • Zubereiten: 45 Min.
1 Zwiebel • 1 Stange Lauch • 3 Möhren • 800 g mehligkochende Kartoffeln • 2 EL Öl • 1 l Gemüsebrühe • 1 TL getrockneter Oregano • 1 TL edelsüßes Paprikapulver • 1 EL Essig • Salz • 1 Glas grünes Pesto (ca. 125 g)

1 Die Zwiebel schälen und fein würfeln. Den Lauch putzen, längs halbieren, waschen, trocken schütteln und in feine Halbringe schneiden. Die Möhren putzen, schälen und in 5 mm dicke Scheiben schneiden. Die Kartoffeln schälen, waschen und in 1 cm große Würfel schneiden.

2 Das Öl in einem großen Topf erhitzen und die Zwiebel darin ca. 4 Min. andünsten. Lauch, Möhren und Kartoffeln ca. 2 Min. mitbraten. Mit Brühe ablöschen und die Suppe mit Oregano, Paprikapulver, Essig und Salz würzen. Aufkochen und das Gemüse zugedeckt ca. 25 Min. köcheln lassen.

3 Die Suppe mit Salz abschmecken und auf jede Portion 1 TL Pesto setzen.

Auch lecker: Wiener Würstchen passen toll in die Suppe. Dazu die Wiener in ca. 1 cm große Stücke schneiden und in den letzten 3 Min. Kochzeit unterrühen.

Einfrieren & Auftauen: Die Suppe portionsweise mit je 1 TL Pesto in Schraubgläsern oder Boxen tiefkühlen. Über Nacht im Kühlschrank oder in der Mikrowelle auf kleinster Stufe in ca. 10 Min. auftauen lassen. Dann in der Mikrowelle bei 600 Watt in ca. 3 Min. oder in einem Topf erhitzen.

STICKY RICE BALLS
(SÜSS UND SALZIG)

FÜR 16 STÜCK
Zubereiten: 40 Min.

Für den Reis:
250 g Sushi-Reis
250 g Kokosmilch
Salz

Für die süßen Balls:
1 kleine Mango (ersatzweise 250 g Mango aus der Dose)
1 TL Ahornsirup
½ TL gemahlene Vanille
50 g Sesam

Für die salzigen Balls:
4 Möhren
1 Knoblauchzehe
1 EL Olivenöl
Öl zum Frittieren

Einfrieren & Auftauen:
Die Bällchen unfrittiert, die süßen auch ohne Sesam in Boxen tiefkühlen. Über Nacht im Kühlschrank auftauen lassen. Die süßen Bällchen bei 600 Watt in ca. 30 Sek. erwärmen oder kurz in der Pfanne anbraten und in Sesam wälzen. Die salzigen Bällchen wie beschrieben frittieren.

1 Den Reis in einem Sieb kalt abbrausen, bis das Wasser klar abläuft, und abtropfen lassen. In einem Topf die Kokosmilch, 200 ml Wasser, Reis und 1 Prise Salz aufkochen lassen. Den Reis bei kleiner Hitze zugedeckt in 15–20 Min. gar köcheln lassen. Dann auflockern und beiseitestellen.

2 Inzwischen für die süßen Balls die Mango schälen, das Fruchtfleisch vom Stein schneiden und die Hälfte davon in feine Würfel schneiden. Die Hälfte des Reises mit Ahornsirup und Vanille mischen. Ein Schälchen mit Frischhaltefolie auslegen. 1 kleine Handvoll Vanille-Reis am Boden und Rand andrücken. 1 geh. TL Mango mittig daraufgeben und den Reis mithilfe der Frischhaltefolie zu einem gefüllten Bällchen formen. Aus dem übrigen Vanille-Reis und der Mango auf die gleiche Weise weitere sieben Kugeln formen.

3 Für die Balls, die man gleich servieren möchte (siehe Tipp), den Sesam in einer Pfanne ohne Fett goldbraun rösten. In einem Schälchen abkühlen lassen. Die Balls im Sesam wälzen und dabei die Samen leicht andrücken.

4 Für die salzigen Balls die Möhren putzen, schälen und fein raspeln. Den Knoblauch schälen und fein reiben. Das Öl in einer Pfanne erhitzen, Möhren und Knoblauch darin ca. 4 Min. andünsten. In einem Schälchen abkühlen lassen.

5 Ein Schälchen mit Frischhaltefolie auslegen und 1 kleine Handvoll Reis am Boden und Rand andrücken. 1 EL Möhren mittig daraufgeben und den Reis mithilfe der Frischhaltefolie zu einem Bällchen formen. Aus dem übrigen Reis und den Möhren auf die gleiche Weise weitere sieben Kugeln formen.

6 Für die Balls, die man gleich servieren möchte (siehe Tipp), in einen kleinen Topf so viel Öl erhitzen, dass die Bällchen damit bedeckt sind. Die Balls darin in 2–4 Min. knusprig frittieren. Mit dem Schaumlöffel herausheben und auf Küchenpapier abtropfen lassen.

LASAGNE
MIT ROTEN LINSEN UND BLUMENKOHL

FÜR 8 PORTIONEN
Zubereiten: 45 Min.
Backen: 35 Min.

Für die Linsensauce:
1 EL Olivenöl
500 g gemischtes Hackfleisch
700 g Tomatensauce (Fertigprodukt)
150 g rote Linsen

Für die Béchamelsauce:
400 g Blumenkohl
500 ml Milch
30 g Butter
40 g Mehl
250 g geriebener Mozzarella
Salz

Außerdem:
400 g Lasagneplatten

Einfrieren & Auftauen:
Die abgekühlte Lasagne in Stücke schneiden und portionsweise in Boxen tiefkühlen. Über Nacht im Kühlschrank oder in der Mikrowelle auf kleinster Stufe in ca. 10 Min. auftauen lassen. Dann in der Mikrowelle bei 600 Watt in ca. 3 Min. oder im 180° heißen Backofen in ca. 40 Min. erhitzen.

1 Für die Linsensauce das Öl in einer großen Pfanne erhitzen und das Hackfleisch darin in ca. 5 Min. braun anbraten, durchrühren und weitere 5 Min. anbraten. Die Tomatensauce dazugeben und die Sauce aufkochen lassen.

2 Die Linsen in einem Sieb kalt abbrausen, abtropfen lassen und mit 100 ml Wasser unter die Hackfleisch-Tomatensauce mischen. Die Linsen zugedeckt in ca. 20 Min. bissfest köcheln lassen, salzen und eventuell noch etwas Wasser hinzufügen.

3 Inzwischen für die Béchamelsauce den Blumenkohl putzen, waschen und in grobe Stücke schneiden. In einen Topf ca. 2 cm hoch Wasser geben und den Blumenkohl darin zugedeckt in ca. 15 Min. weich dünsten. Abgießen und den Blumenkohl mit dem Pürierstab fein mixen.

4 In einem kleinen Topf die Milch erhitzen (nicht kochen). In einer Pfanne die Butter erhitzen, das Mehl dazugeben und unter ständigem Rühren anschwitzen. Die heiße Milch nach und nach unterrühren und alles 5–10 Min. zu einer sämigen Sauce köcheln lassen. Den Topf vom Herd nehmen und 200 g Mozzarella unterrühren, bis er geschmolzen ist. Das Blumenkohlpüree unter die Sauce mischen und salzen.

5 Den Backofen auf 200° vorheizen. Den Boden einer großen ofenfesten Form (ca. 30 × 25 cm) mit etwas Linsen-Tomatensauce bedecken. Darauf dicht nebeneinander Lasagneplatten legen und diese mit einer Schicht Blumenkohl-Béchamel bedecken. Die drei Schichten so oft wiederholen, bis die Form gefüllt beziehungsweise die Zutaten aufgebraucht sind. (Ob Linsen-Tomatensauce oder Blumenkohl-Béchamel die oberste Schicht bilden, bleibt dir überlassen.)

6 Die Lasagne mit dem restlichen Käse (50 g) bestreuen und im Backofen (Mitte) in 30–35 Min. goldbraun backen.

CHEESECAKES

FÜR 8 PORTIONEN • Zubereiten: 20 Min. • Backen: 40 Min. • Ruhen: 30 Min.
150 g Haferkekse • 50 g Butter • 1 Bio-Zitrone • 2 Eier (M) • 50 g Agavendicksaft • 200 g Frischkäse • 250 g Magerquark • 20 g Speisestärke

1 Den Backofen auf 170° vorheizen. Die Kekse im Blitzhacker fein zerbröseln. Die Butter in einem Topf bei kleiner Hitze schmelzen lassen. Butter und Keksbrösel mischen und in acht ofenfeste Gläser mit Deckel verteilen.

2 Die Zitrone heiß waschen, abtrocknen und die Schale abreiben. Zitronenschale, Eier, Agavendicksaft, Frischkäse, Quark und Speisestärke in einer Rührschüssel mit den Rührbesen des Handrührgeräts vermischen. Die Quarkmasse in die acht Gläser verteilen.

3 Ein tiefes Backblech mit heißem Wasser füllen und die Gläser hineinstellen. Die Kuchen im Backofen (Mitte) in ca. 40 Min. goldgelb backen. Den Ofen ausschalten und die Cheesecakes bei leicht geöffneter Tür ca. 30 Min. ruhen lassen.

Auch lecker: Die Cheesecakes lassen sich fruchtig abwandeln. Dafür einfach 150–200 g Beeren oder klein geschnittenes Steinobst unter die Quarkmasse heben und mitbacken.

Einfrieren & Auftauen: Die Cheesecakes mit den Deckeln verschließen und tiefkühlen. Über Nacht im Kühlschrank auftauen lassen und bei Zimmertemperatur ca. 1 Std. temperieren lassen.

BROWNIE BAKE

FÜR 15 STÜCK • Zubereiten: 15 Min. • Backen: 30 Min. • Ruhen: 20 Min.
650 g sehr reife Bananen • 300 ml Milch • 100 g Erdnussbutter (creamy) • 150 g Hafermehl (ersatzweise 200 g Feinblatt-Haferflocken) • ½ TL Backpulver • 50 g Kakaopulver • ½ TL gemahlene Vanille • 1 Msp. Salz

1 Den Backofen auf 180° vorheizen, eine ofenfeste Form (ca. 15 × 25 cm) mit Backpapier auslegen. Die Bananen schälen, mit einer Gabel zu grobem Brei zerdrücken und in einer Schüssel mit den übrigen Zutaten verrühren.

2 Die Bananenmasse in der Form verteilen und glatt streichen. Den Brownie Bake im Backofen (Mitte) 30 Min. backen.

3 Den Kuchen im ausgeschalteten Ofen ca. 20 Min. ruhen lassen. Herausnehmen, abkühlen lassen und in 16 Quadrate schneiden.

Auch lecker: Vor dem Backen Schokodrops auf die Bananenmasse streuen. Oder den Kuchen nach dem Backen mit geschmolzener Erdnussbutter überziehen.

Küchentipp: Das Backpapier aus der Form kann man gut als Trennpapier beim Tiefkühlen der Brownies verwenden.

Einfrieren & Auftauen: Die Brownies mit Butter- oder Backpapier dazwischen in einen Gefrierbeutel gestapelt tiefkühlen. Über Nacht im Kühlschrank oder in der Mikrowelle auf kleinster Stufe in ca. 10 Min. auftauen lassen. Alternativ im 180° heißen Backofen in ca. 8 Min. aufbacken.

WINTER

MÖHREN-KÄSE-SUPPE

FÜR 8 PORTIONEN • Zubereiten: 40 Min.
500 g Möhren • 1 EL Butterschmalz • 2 Zweige Thymian • Salz • 1 kleine Schalotte • 1 kleine Knoblauchzehe • 250 ml Hühnerbrühe (ersatzweise Gemüsebrühe) • 250 ml milder Orangensaft • 30 g Parmesan • 120 g Crème fraîche • 80 g Granatapfelkerne

1 Die Möhren putzen, schälen und in grobe Stücke schneiden. Das Butterschmalz in einem großen Topf erhitzen und die Möhren darin unter gelegentlichem Rühren in ca. 10 Min. goldbraun braten, dabei mit Salz würzen.

2 Inzwischen den Thymian waschen und trocken schütteln. Die Schalotte und den Knoblauch schälen, in feine Scheiben schneiden und mit den Möhren ca. 3 Min. braten.

3 Mit der Brühe ablöschen, den Thymian dazugeben und alles zugedeckt ca. 20 Min. köcheln lassen. Den Thymian entfernen, den Orangensaft angießen, 20 g Parmesan untermischen und aufkochen lassen.

4 Die Suppe mit dem Pürierstab fein und schaumig mixen. Jede Portion mit etwas Parmesan bestreuen, je 1 TL Crème fraîche und Granatapfelkerne daraufgeben.

Einfrieren & Auftauen: Die Suppe ohne das Topping portionsweise in Boxen oder Gläsern tiefkühlen. Über Nacht im Kühlschrank oder in der Mikrowelle auf kleinster Stufe in ca. 10 Min. auftauen lassen. Dann in der Mikrowelle bei 600 Watt in ca. 3 Min. oder in einem Topf erwärmen.

PASTINAKENSUPPE

FÜR 8 PORTIONEN • Zubereiten: 40 Min.
700 g Pastinaken • 1 Apfel • 1 Zwiebel • 1 Stück Ingwer (1 cm lang) • 1 Stück Kurkuma (3 cm lang) • 3 EL Öl • 1,1 l Gemüsebrühe • 2 Brezeln vom Vortag (ersatzweise 2 Brötchen) • 200 g Kokosmilch • Salz • 1 TL gemahlener Koriander

1 Die Pastinaken putzen, schälen und 1 cm groß würfeln. Den Apfel waschen, vierteln, das Kerngehäuse entfernen und die Viertel ebenfalls 1 cm groß würfeln. Die Zwiebel schälen und in kleine Würfel schneiden. Ingwer und Kurkuma schälen und fein reiben.

2 In einem großen Topf 2 EL Öl erhitzen, Zwiebel, Ingwer und Kurkuma darin bei kleiner Hitze andünsten. Pastinaken, Apfel und Brühe dazugeben, aufkochen lassen und die Suppe zugedeckt ca. 30 Min. köcheln lassen.

3 Inzwischen die Brezeln in 1 cm große Stücke schneiden. Das restliche Öl in einer Pfanne erhitzen und die Brezeln darin in ca. 6 Min. auf beiden Seiten knusprig braten.

4 Die Suppe mit dem Pürierstab fein mixen. Die Kokosmilch untermixen und die Suppe mit Salz und Koriander würzen. Vor dem Servieren die Croûtons daraufstreuen.

Meal-Prep-Pro: Ein tolles Topping für die Suppe sind auch knusprig gebratene Würfel vom Kürbis-Hefezopf. Für einen extra Crunch streust du Käse-Kichererbsen auf die Suppe.

Einfrieren & Auftauen: Die Suppe portionsweise in Boxen oder Gläsern tiefkühlen. Die Croûtons in einer Box tiefkühlen und bei Bedarf kleine Mengen entnehmen. Über Nacht im Kühlschrank oder in der Mikrowelle auf kleinster Stufe in ca. 10 Min. auftauen lassen. Dann in der Mikrowelle bei 600 Watt in ca. 3 Min. oder in einem Topf erhitzen. Die Croûtons bei Zimmertemperatur auftauen lassen und nach Belieben in einer Pfanne kurz rösten.

KIDDIE LO MEIN

FÜR 8 PORTIONEN
Zubereiten: 30 Min.

300 g chin. Eiernudeln (ersatzweise Spaghetti)
Salz
200 g Kokosmilch
1 EL Sesamöl
1 EL Sojasauce
3 Datteln
1 Paprika
2 Möhren
100 g Zuckerschoten
1 Knoblauchzehe (nach Belieben)
400 g Putenfilet
1 EL Öl

1 Die Nudeln in Salzwasser in ca. 5 Min. sehr bissfest garen. In ein Sieb abgießen, abschrecken und abtropfen lassen.

2 Kokosmilch, Sesamöl, Sojasauce, Datteln und 4 EL Wasser in einem hohen Rührbecher mit dem Pürierstab fein mixen.

3 Die Paprika waschen, halbieren, weiße Trennwände und Kerne entfernen, die Hälften in feine Streifen schneiden. Die Möhren putzen, schälen, quer halbieren und längs zuerst in Scheiben, dann in feine Streifen schneiden. Die Zuckerschoten putzen, waschen und schräg halbieren. Nach Belieben den Knoblauch schälen und fein würfeln.

4 Das Putenfilet trocken tupfen und in feine Streifen schneiden. Das Öl in einer Pfanne erhitzen und das Putengeschnetzelte darin bei großer Hitze in ca. 4 Min. scharf anbraten und salzen. Möhren und Paprika ca. 3 Min. mitbraten. Nach Belieben den Knoblauch kurz mitrösten.

5 Nudeln, Kokossauce und Zuckerschoten zum Fleisch geben und alles ca. 3 Min. köcheln lassen, bis die Sauce sämig ist und die Nudeln bissfest sind.

Küchentipp: Man kann die Sauce gut auf Vorrat herstellen und dann in kleinen Eiswürfelformen einfrieren.

Für die Erwachsenen: Das Nudelgericht mit Korianderblättern und schwarzem Sesam bestreut servieren.

Einfrieren & Auftauen: Das Gericht portionsweise in Boxen tiefkühlen. Über Nacht im Kühlschrank oder in der Mikrowelle auf kleinster Stufe in ca. 10 Min. auftauen lassen. Dann mit 2–3 EL Wasser in der Mikrowelle bei 600 Watt in ca. 3 Min. oder in einem Topf erhitzen.

RINDFLEISCHEINTOPF
MIT WURZELGEMÜSE

FÜR 16 PORTIONEN
Zubereiten: 20 Min.
Garen: 3 Std.

1 kg Rindergulasch
Salz
1 große Zwiebel
2 Knoblauchzehen
2 EL Öl
1 EL Tomatenmark
2 EL Mehl
500 ml Rinderbrühe
1 TL edelsüßes Paprikapulver
2 Lorbeerblätter
4 Möhren
½ Sellerieknolle
2 Pastinaken

1 Das Fleisch mit Küchenpapier trocken tupfen und salzen. Zwiebel und Knoblauch schälen und fein würfeln. 1 EL Öl in einem großen Bräter erhitzen und die Hälfte des Fleischs darin bei großer Hitze in ca. 5 Min. goldbraun anbraten. Herausnehmen, das restliche Öl (1 EL) im Bräter erhitzen und das übrige Fleisch darin auf die gleiche Weise braten. Zwiebel und Knoblauch dazugeben und ca. 3 Min. mitbraten. Das Tomatenmark ebenfalls kurz mitbraten.

2 Das übrige gebratene Fleisch dazugeben, das Mehl darüberstreuen und alles verrühren. Mit der Brühe ablöschen, aufkochen lassen und den Bratsatz mit einem Spatel lösen. Salz, Paprikapulver und Lorbeerblätter dazugeben. Den Eintopf zugedeckt bei kleiner Hitze ca. 3 Std. schmoren lassen, bis das Fleisch leicht zerfällt. Falls nötig, zwischendurch noch etwas Wasser dazugießen.

3 Inzwischen Möhren, Sellerie und Pastinaken putzen, schälen und in ca. 2 cm große Würfel schneiden. Das Wurzelgemüse nach ca. 2 Std. Garzeit zum Eintopf geben. Vor dem Servieren die Lorbeerblätter entfernen.

Küchentipp: Wer es süß-pikant liebt, kann in der letzten Stunde noch 1 kleine Handvoll Backpflaumen mitschmoren.

Meal-Prep-Pro: Der Rindfleischeintopf ist ideal als Füllung für Shepherd's Pies, Quesadillas und Tacos.

Einfrieren & Auftauen: Den Rindfleischeintopf portionsweise in Boxen tiefkühlen. Über Nacht im Kühlschrank oder in der Mikrowelle auf kleinster Stufe in ca. 10 Min. auftauen lassen. Dann in der Mikrowelle bei 600 Watt in ca. 3 Min. oder in einem Topf erhitzen.

MINI-SHEPHERD'S-PIES

FÜR 8 PORTIONEN
Zubereiten: 1 Std. 30 Min.
Backen: 25 Min.

Für den Mürbeteig:
250 g Mehl (+ Mehl zum Arbeiten)
125 g kalte Butter
1 Ei (M) | ½ TL Salz

Für die Füllung:
1 kleine Zwiebel
1 Knoblauchzehe
1 EL Butterschmalz
400 g Rinderhackfleisch
Salz
200 ml Rinderbrühe
100 g TK-Erbsen-Möhren-Mischung
50 g TK-Maiskörner
1 EL Mehl
½ EL Tomatenmark

Für die Kartoffelkruste:
2 große mehligkochende Kartoffeln | Salz
50 ml Milch
1 EL weiche Butter

Einfrieren & Auftauen:
Die Pies im Tiefkühlfach 2 Std. vorfrieren, in Gefrierbeuteln tiefkühlen. Über Nacht im Kühlschrank oder in der Mikrowelle auf kleinster Stufe ca. 10 Min. auftauen lassen. In der Mikrowelle bei 600 Watt in ca. 3 Min. oder im 200° heißen Ofen in ca. 15 Min. erhitzen.

1 Für den Mürbeteig das Mehl auf eine Arbeitsfläche häufen und in der Mitte eine Mulde formen. Die Butter in 1 cm große Würfel schneiden, mit Ei und Salz in die Mulde geben und alle Zutaten zügig mit den Händen zu einem homogenen Teig kneten. Sollte der Teig noch etwas krümelig sein, löffelweise etwas kaltes Wasser dazugeben. Den Teig zu einer Rolle formen und in acht gleich große Stücke schneiden. Die Teigstücke zu Kugeln rollen und in Frischhaltefolie gewickelt im Kühlschrank ca. 1 Std. ruhen lassen.

2 Inzwischen für die Füllung die Zwiebel und den Knoblauch schälen und fein würfeln. Das Butterschmalz in einem großen Topf oder Bräter erhitzen und das Hackfleisch darin bei großer Hitze portionsweise in ca. 5 Min. goldbraun braten. Salzen und herausnehmen. Zwiebeln und Knoblauch im verbliebenen Fett goldbraun braten. Mit einem Schuss Brühe ablöschen und ca. 5 Min. köcheln lassen.

3 Das Hackfleisch mit dem Gemüse in den Topf geben, mit dem Mehl bestäuben und alles gut mischen. Mit der restlichen Brühe ablöschen. Das Tomatenmark einrühren und die Sauce 10–15 Min. sämig einköcheln lassen.

4 Für die Kartoffelkruste die Kartoffeln schälen, in Würfel schneiden und in Salzwasser in 10–15 Min. weich kochen. Die Kartoffeln abgießen und im Topf auf der Herdplatte ausdampfen lassen. Milch und Butter zu den Kartoffeln geben und mit dem Stampfer zu einem Brei zerdrücken.

5 Den Backofen auf 200° vorheizen, eine Muffinform bereitstellen. Die Teigkugeln auf der mit Mehl bestäubten Arbeitsfläche zu Kreisen von der Größe der Muffinmulden (plus Rand) ausrollen und die Mulden damit auslegen. Die Füllung darauf verteilen und mit einer 2 cm hohen Schicht Kartoffelbrei bedecken. Die Pies im Backofen (Mitte) in ca. 25 Min. goldbraun backen. Aus dem Ofen nehmen, ca. 5 Min. abkühlen lassen und die Pies aus den Förmchen lösen.

Käse
aus Holland

CHILI SIN CARNE

FÜR 8 PORTIONEN
Zubereiten: 10 Min.
Garen: 1 Std.

1 kleine Zwiebel
1 Knoblauchzehe
½ Hokkaido-Kürbis (ersatzweise Butternut-Kürbis)
1 rote Paprika
2 EL Olivenöl
Salz
1 Dose gehackte Tomaten (400 g)
2 Dosen schwarze Bohnen in Chilisauce (à 400 g; siehe Küchentipp)

1 Zwiebeln und Knoblauch schälen und fein würfeln. Den Kürbis waschen, putzen, Fasern und Kerne entfernen, das Fruchtfleisch in ca. 3 cm große Würfel schneiden. Die Paprika waschen, halbieren, weiße Trennwände und Kerne entfernen, die Hälften in kleine Würfel schneiden.

2 Das Öl in einem großen Topf erhitzen, Zwiebel und Knoblauch darin glasig anbraten. Kürbis und Paprika dazugeben, salzen und ca. 3 Min. mitbraten. Tomaten und Bohnen mit Sauce hinzufügen und zugedeckt ca. 1 Std. köcheln lassen. Sollte am Ende noch zu viel Flüssigkeit vorhanden sein, kurz auf hoher Stufe einkochen lassen.

Küchentipp: Keine Sorge, Bohnen in Chilisauce sind in der Regel nicht besonders scharf. Alternativ kannst du aber auch Bohnen ohne Sauce verwenden. Diese in einem Sieb abtropfen lassen und mit 200 ml Brühe in den Topf geben.

Meal-Prep-Pro: Chili sin Carne eignet sich als Veggie-Füllung für Quesadillas, Tacos oder als Partner zu Getreide-Beilagen.

Einfrieren & Auftauen: Das Chili sin Carne portionsweise in Boxen einfrieren. Über Nacht im Kühlschrank oder in der Mikrowelle auf kleinster Stufe in ca. 10 Min. auftauen lassen. Dann in der Mikrowelle bei 600 Watt in ca. 3 Min. oder in einem Topf erhitzen.

PULLED CHICKEN
MIT TACOS

FÜR 8 PORTIONEN
Zubereiten: 30 Min.
Garen: 2 Std.

1 kg Hähnchenbrustfilet
2 EL Butterschmalz
1 kleine Zwiebel
1 Knoblauchzehe
200 g Möhren
Salz
1 EL Tomatenmark
500 ml Hühnerbrühe (ersatzweise Wasser)
3 Lorbeerblätter
2 große festkochende Kartoffeln
2 Zweige Thymian
½ TL edelsüßes Paprikapulver
8 Kopfsalatblätter
8 Tacoschalen

1 Das Hähnchenfilet trocken tupfen und in grobe Stücke schneiden. Das Butterschmalz in einem großen Topf erhitzen und das Fleisch darin ca. 6 Min. rundherum scharf anbraten. Zwiebel und Knoblauch schälen und fein würfeln. 1 Möhre putzen, schälen und fein würfeln. Möhre, Zwiebel und Knoblauch ca. 3 Min. mitbraten und alles leicht salzen.

2 Das Tomatenmark kurz mitbraten und mit der Brühe ablöschen. Die Lorbeerblätter dazugeben und alles zugedeckt bei kleiner Hitze 1 Std. 30 Min. köcheln lassen.

3 Kartoffeln und restliche Möhren schälen, in ca. 2 cm große Stücke schneiden und zum Fleisch geben. Den Thymian waschen und trocken schütteln. Thymian und Paprikapulver hinzufügen und alles weitere 30 Min. köcheln lassen, bis das Gemüse gar ist und das Fleisch zerfällt. 2 Kartoffelstücke herausfischen, mit einer Gabel fein zerdrücken und als Bindung in die Sauce rühren. Falls noch zu viel Flüssigkeit vorhanden ist, alles offen bei großer Hitze kochen, damit sie verdunstet.

4 Die Salatblätter waschen und trocken schütteln. Das Fleisch mit zwei Gabeln zerzupfen, dabei den Thymian und die Lorbeerblätter entfernen. Die Tacos mit je 1 Salatblatt auslegen und mit dem Pulled Chicken samt Gemüse füllen.

Für die Erwachsenen: Eine scharfe Sauce, beispielsweise Tabasco, macht dem Pulled Chicken Feuer.

Meal-Prep-Pro: Das Pulled Chicken ist ideal als Füllung für Shepherd's Pies, Tacos und Quesadillas oder auch ein leckerer Partner zu Getreide-Beilagen.

Einfrieren & Auftauen: Das Pulled Chicken portionsweise in Boxen einfrieren. Über Nacht im Kühlschrank oder in der Mikrowelle auf kleinster Stufe in ca. 10 Min. auftauen lassen. Dann in der Mikrowelle bei 600 Watt in ca. 3 Min. oder in einem Topf erhitzen. Das Pulled Chicken wie beschrieben in die Tacoschalen füllen.

WIRSINGPUFFER
MIT APFELMARK

FÜR 16 STÜCK
Zubereiten: 1 Std.

700 g Wirsing
900 g festkochende Kartoffeln
1 Bund Petersilie
1 Bund Schnittlauch
2 TL Senf
4 Eier (M)
7 EL Mehl
Salz
1 Msp. frisch geriebene Muskatnuss
12 EL Öl
400 g Apfelmark (Fertigprodukt)

Küchentipp: Die Puffermasse zieht Wasser. Deshalb beim Herausnehmen der Puffermasse den gefüllten Löffel an die Schüsselwand drücken, damit die Flüssigkeit etwas abläuft.

Mogel-Mami: Manche Kinder haben eine Aversion gegen Essen in Grün. Diese knusprigen Puffer sind eine gute Gelegenheit, auch die äußeren grünen Blätter des Wirsingkopfs zu verarbeiten.

1 Den Wirsing putzen, waschen und vierteln. Die Kartoffeln schälen. Wirsing und Kartoffeln mittelgrob reiben. (Den Wirsing dabei am Strunk halten und diesen zum Schluss wegwerfen). Petersilie und Schnittlauch waschen und trocken schütteln. Petersilienblätter abzupfen und fein hacken, Schnittlauch in feine Röllchen schneiden.

2 In einer Schüssel Wirsing, Kartoffeln, Kräuter, Senf, Eier, Mehl, 1 TL Salz und Muskatnuss mit den Händen mischen.

3 Zwei Pfannen mit je 3 EL Öl erhitzen (alternativ die Puffer nacheinander in einer Pfanne braten). In jede Pfanne 4 gehäufte EL Teig mit Abstand hineingeben. Die Puffer bei mittlerer bis großer Hitze ca. 4 Min. backen und wenden, wenn die Ränder kross gebacken sind. Die anderen Seiten ebenfalls in ca. 4 Minuten braun backen. Die Puffer auf mit Küchenpapier belegten Tellern entfetten lassen.

4 Das übrige Öl (6 EL) in den Pfannen erhitzen und aus der restlichen Wirsing-Kartoffel-Masse auf die gleiche Weise acht Puffer braten und ebenfalls kurz entfetten lassen. Die Wirsingpuffer mit dem Apfelmark servieren.

Einfrieren & Auftauen: Die Puffer mit Butterbrotpapier dazwischen in einer Box tiefkühlen. Das Apfelmark portionsweise in kleinen Schraubgläsern einfrieren. Die Puffer bei Zimmertemperatur ca. 1 Std. antauen lassen, dann entweder im Toaster knusprig backen oder in der Mikrowelle bei 600 Watt in ca. 2 Min. erwärmen. Das Apfelmark in der Mikrowelle bei 600 Watt in ca. 3 Min. auftauen lassen.

GEMÜSE-BONBONS

FÜR 16 STÜCK
Zubereiten: 45 Min.
Backen: 35 Min.

250 g Champignons
100 g Möhren
200 g Rote Bete
150 g Petersilienwurzel
1 Zwiebel
2 EL Öl
2 Pck. XXL-Blätterteig (aus dem Kühlregal; je ca. 375 g)
200 g Schmand
1 TL getrockneter Thymian
2 EL Aceto balsamico
Salz

Mogel-Mami: In knusprigem Blätterteig kann man Gemüse perfekt verstecken. Kleine Esser, die sonst weder Rote Bete noch Pilze essen, lassen sich so vielleicht überzeugen. Grundsätzlich kann man die Bonbons mit jedem Gemüse füllen.

1 Die Pilze putzen, mit einem Tuch abreiben und fein würfeln. Möhren, Rote Bete und Petersilienwurzel putzen, schälen und grob reiben. Die Zwiebel schälen und fein würfeln.

2 Das Öl in einer großen Pfanne erhitzen und die Zwiebel darin glasig dünsten. Das Gemüse dazugeben und unter gelegentlichem Rühren bei großer Hitze ca. 10 Min. braten.

3 Inzwischen den Backofen auf 180° Umluft (oder 190° Ober- und Unterhitze) vorheizen und zwei Backbleche mit Backpapier belegen. Die Blätterteige ausrollen und in jeweils acht Quadrate schneiden.

4 Schmand, Thymian und Essig unter das Gemüse mischen, mit Salz würzen und die Pfanne vom Herd nehmen. Auf jedes Teigquadrat mittig 1 EL Gemüse setzen, die Teigecken über der Füllung zusammenfassen und jeweils zweimal verdrehen, sodass »Bonbons« entstehen.

5 Die Blätterteig-Bonbons nebeneinander auf die Backbleche legen und beide Bleche in den Backofen geben. (Bei Ober- und Unterhitze die Bleche nacheinander backen.) Die Gemüse-Bonbons in ca. 35 Min. goldbraun backen – eventuell reißt der Teig dabei etwas auf.

Küchentipp: Falls das Gemüse in der Pfanne Wasser zieht, dieses etwas ausdrücken, bevor die Füllung auf den Teig gesetzt wird.

Einfrieren & Auftauen: Die Gemüse-Bonbons in einer Box tiefkühlen. Bei Zimmertemperatur ca. 1 Std. antauen lassen und im 200° heißen Backofen in 6–8 Min. aufbacken.

LAUCHSPAGHETTI
MIT HACKFLEISCH

FÜR 8 PORTIONEN
Zubereiten: 30 Min.

300 g Spaghetti
Salz
1 große Stange Lauch
1 Zwiebel
1 Knoblauchzehe
2 EL Öl
400 g gemischtes Hackfleisch
200 g Sahne
1 TL edelsüßes Paprikapulver

1 Die Spaghetti nach Packungsanweisung in Salzwasser bissfest kochen. Inzwischen den Lauch putzen, längs halbieren, waschen, trocken schütteln und in Halbringe schneiden. Zwiebel und Knoblauch schälen und fein würfeln.

2 In einer großen Pfanne das Öl erhitzen, Zwiebeln, Knoblauch und Hackfleisch darin bei großer Hitze ca. 5 Min. anbraten. Den Lauch dazugeben und 8 Min. mitbraten. Mit Sahne ablöschen und alles ca. 1 Min. bei großer Hitze aufkochen lassen. Die Herdplatte ausstellen und die Sauce mit Salz und Paprikapulver würzen.

3 Die Spaghetti in ein Sieb abgießen und in der Pfanne mit der Lauchsauce mischen.

Einfrieren & Auftauen: Die Lauchspaghetti portionsweise in Boxen tiefkühlen. Über Nacht im Kühlschrank oder in der Mikrowelle auf kleinster Stufe in ca. 10 Min. auftauen lassen. Das Gericht mit 3 EL Wasser in der Mikrowelle bei 600 Watt in ca. 3 Min. oder in einem Topf erhitzen.

BLUMENKOHL
MIT KABELJAU UND BRÖSELBUTTER

FÜR 8 PORTIONEN
Zubereiten: 10 Min.
Backen: 35 Min.

1 Blumenkohl
2 EL Olivenöl
½ TL edelsüßes Paprikapulver
Salz
2 Kabeljaufilets (à 200 g)
50 g Butter
40 g Vollkornsemmelbrösel

1 Den Backofen auf 220° vorheizen, ein Blech mit Backpapier belegen. Den Blumenkohl putzen, waschen und in mundgerechte Röschen schneiden. 1 EL Öl mit Paprikapulver und etwas Salz in einer Schüssel verrühren. Die Röschen mit dem Würzöl mischen, auf dem Blech verteilen und im Backofen (Mitte) in 15 Min. weich garen.

2 Inzwischen den Kabeljau trocken tupfen, mit etwas Salz würzen und leicht mit dem übrigen Öl (1 EL) beträufeln. Das Blech aus dem Ofen nehmen und die Filets neben den Blumenkohl legen. Alles 15–20 Min. garen, bis der Blumenkohl bissfest sowie leicht gebräunt und der Fisch gar ist.

3 Währenddessen die Butter in einem kleinen Topf erhitzen und leicht salzen. Die Semmelbrösel dazugeben und unter Rühren goldbraun rösten.

4 Das Backblech aus dem Ofen nehmen. Etwas Bröselbutter über den Fisch träufeln, die restliche Butter in einer großen Schüssel mit dem Blumenkohl mischen. Den Kabeljau mit den Blumenkohlröschen servieren.

Küchentipp: Statt Kabeljau kannst du auch ein anderes festes Fischfilet verwenden, beispielsweise Zander, Wels oder Wildlachs. Mit TK-Fischfilets funktioniert das Rezept ebenfalls, einfach über Nacht im Kühlschrank auftauen lassen.

Einfrieren & Auftauen: Blumenkohl und Kabeljau portionsweise in Boxen tiefkühlen. Über Nacht im Kühlschrank oder in der Mikrowelle auf kleinster Stufe in ca. 10 Min. auftauen lassen. Das Gericht in der Mikrowelle bei 600 Watt in ca. 3 Min. erhitzen oder im 200° heißen Backofen in ca. 15 Min. aufbacken bzw. in der Pfanne in ca. 3 Min. erhitzen. Die Bröselbutter jeweils frisch zubereiten.

BEEREN-CRUMBLE

FÜR 8 PORTIONEN • Zubereiten: 15 Min. • Backen: 25 Min.
50 g gemahlene Nüsse (z. B. Mandeln) • 120 g Mehl • 50 g Mandelblättchen • 50 g Agavendicksaft • 50 g Butter • 500 g gemischte Beeren (ersatzweise TK-Beeren)

1 Den Backofen auf 180° vorheizen (bei Verwendung von TK-Beeren, diese aus dem Tiefkühlfach nehmen). Die Nüsse, Mehl, Mandelblättchen und Agavendicksaft in eine Schüssel geben. Die Butter in Stücke schneiden und dazugeben. Alles mit den Fingerspitzen zu einem krümeligen Teig kneten.

2 Die Beeren verlesen, waschen (Erdbeeren klein schneiden). Die Beeren in acht Schraubgläser (à ca. 200 ml) füllen und mit dem Teig bestreuen. Die Crumble im Backofen (Mitte) in ca. 25 Min. goldbraun backen. Lauwarm oder abgekühlt servieren.

Einfrieren & Auftauen: Die Crumble mit den Deckeln verschließen und tiefkühlen. Bei Zimmertemperatur in ca. 4 Std. auftauen lassen und kalt genießen oder im 180° heißen Backofen 5 Min. aufwärmen.

NICE CREAM

FÜR 8 PORTIONEN • Zubereiten: 5 Min. • Tiefkühlen: 2 Std.
8 Bananen • 2 EL Erdnussbutter

1 Ein Blech, das ins Tiefkühlfach passt, oder eine große Platte mit Backpapier belegen. Die Bananen schälen und in grobe Stücke schneiden, auf dem Backpapier verteilen und im Tiefkühlfach ca. 2 Std. gefrieren lassen.

2 Die Bananen mit der Erdnussbutter im Standmixer oder Hochleistungsmixer glatt pürieren. Die Creme sofort servieren.

Küchentipp: Wer keinen Mixer hat, friert die Bananen nicht ein, sondern gibt sie frisch mit der Erdnussbutter in einen hohen Rührbecher und mixt sie mit dem Pürierstab. Für eine cremigere Konsistenz nach Belieben 1–2 EL Milch dazugeben. Die Creme portionsweise einfrieren und leicht angetaut servieren.

Auch lecker: Für eine Schokocreme 2 EL Kakaopulver, für eine Very Berry Cream 200 g TK-Beeren, für eine Matchacreme 2 TL Matchapulver, für eine Dulce de Leche 2 EL Kondensmilch mitmixen.

Einfrieren & Auftauen: Die Creme portionsweise in Boxen einfrieren und bei Zimmertemperatur in 5–10 Min. weich werden lassen.

GEMÜSE & BEILAGEN

CANDY KÜRBIS

FÜR 8 PORTIONEN
Zubereiten: 10 Min.
Backen: 25 Min.

600 g Butternut-Kürbis
1 Knoblauchzehe
2 EL Ahornsirup
2 EL Olivenöl
Salz
1 TL getrockneter Thymian (nach Belieben)
400 g festes Fischfilet (z. B. Kabeljau, Heilbutt, Zander)

1 Den Backofen auf 200° vorheizen, ein Blech mit Backpapier belegen. Den Kürbis halbieren, schälen, Fasern und Kerne entfernen, das Fruchtfleisch in ca. 3 cm große Würfel schneiden. Den Knoblauch schälen, durchpressen und in einer großen Schüssel mit Ahornsirup, Öl, Salz und nach Belieben mit Thymian verrühren.

2 Den Kürbis in dem Würzöl wenden, auf dem Backblech verteilen und im Backofen (Mitte) ca. 25 Min. rösten, bis er an den Rändern leicht dunkel ist.

3 Inzwischen das Fischfilet trocken tupfen, leicht salzen und mit etwas Mehl bestäuben. Den Fisch nach 15 Min. Garzeit zum Kürbis auf das Blech legen und 10 Min. mitgaren.

Meal-Prep-Pro: Mixe den Candy Kürbis mit etwas Sahne und Nudelwasser – schon hast du eine tolle Pastasauce. Ambitionierte Köchinnen können die pürierte Kürbismasse auch in Ravioli füllen.

Einfrieren & Auftauen: Den Kürbis und den Fisch jeweils portionsweise in Boxen tiefkühlen. Beides über Nacht im Kühlschrank auftauen lassen und im 200° heißen Backofen in 5–10 Min. erhitzen.

GERÖSTETER BROKKOLI
MIT TAHINSAUCE UND SESAM

FÜR 8 PORTIONEN
Zubereiten: 10 Min.
Backen: 25 Min.

500 g Brokkoli
2 EL Olivenöl
Salz
5 EL Tahin (Sesampaste)
1 EL Zitronensaft
2 EL Sesam

1 Den Backofen auf 220° vorheizen, ein Blech mit Backpapier belegen. Den Brokkoli putzen, waschen und in mundgerechten Röschen vom Stiel schneiden. Den Stiel schälen und in 1 cm dicke Scheiben schneiden. 1 EL Öl mit Salz in einer Schüssel verrühren und den Brokkoli samt Stiel darin wenden. Den Brokkoli auf dem Blech verteilen und im Backofen (Mitte) in ca. 25 Min. bissfest bis weich garen.

2 In einer kleinen Schüssel Tahin, Zitronensaft, übriges Öl (1 EL), Salz und 4 EL heißes Wasser zu einer glatten Sauce verrühren. Den Sesam in einer kleinen Pfanne ohne Fett bei mittlerer Hitze goldbraun rösten.

3 Den Brokkoli vor dem Servieren mit Tahinsauce beträufeln und mit Sesam bestreuen. Die übrige Sauce dazu servieren.

Für die Erwachsenen: Die Tahinsauce kannst du mit einer kleinen durchgepressten Knoblauchzehe aufpeppen.

Einfrieren & Auftauen: Den gerösteten Brokkoli portionsweise tiefkühlen. Über Nacht im Kühlschrank oder in der Mikrowelle auf kleinster Stufe in ca. 10 Min. auftauen lassen. Dann in der Mikrowelle bei 600 Watt ca. 3 Min. erhitzen oder im 220° heißen Backofen in 10 Min. knusprig rösten. Alternativ den Brokkoli in einer Pfanne mit 5 EL Wasser ca. 5 Min. erhitzen. Die Tahinsauce jeweils frisch zubereiten.

GETREIDE-BEILAGEN

FÜR 8 PORTIONEN
Zubereiten: 30 Min.

200 g Reis (oder Bulgur, Hirse, Couscous, Amarant, Quinoa)

1 Das Getreide in einem Sieb kalt abbrausen. In einen Topf geben und nach Packungsanweisung gar kochen.

2 Den Topf vom Herd nehmen und das Getreide offen abkühlen lassen, dabei zwischendurch umrühren.

Küchentipp: Pseudogetreide wie Amarant und Quinoa eignen sich für Kinder ab dem 2. Lebensjahr. Amarant und Quinoa sollten vor dem Garen in einem Sieb abgebraust werden, bis das Wasser klar abläuft.

Einfrieren & Auftauen: Die Getreide portionsweise in Boxen, Schraubgläsern oder Mini-Silikonformen tiefkühlen (Letztere sind besonders platzsparend). Über Nacht im Kühlschrank oder in der Mikrowelle auf kleinster Stufe in ca. 10 Min. auftauen lassen. Anschließend zusammen mit dem Hauptgericht in der Mikrowelle bei 600 Watt in ca. 3 Min. erhitzen oder in einem Topf auf dem Herd erwärmen.

POLENTASCHNITTEN

FÜR 8 STÜCK
Zubereiten: 15 Min.
Ruhen: 1 Std.

500 ml Milch (ersatzweise Haferdrink)
300 g Polenta (Maisgrieß)
30 g Parmesan
1 TL Butter
1 Msp. frisch geriebene Muskatnuss
Salz
Öl zum Verstreichen (nach Belieben)

1 In einem großen Topf die Milch mit 300 ml Wasser erhitzen. Inzwischen ein Blech mit Backpapier belegen. Kurz bevor die Flüssigkeit kocht, die Herdplatte ausschalten und die Polenta mit dem Schneebesen einrühren. Den Topf wieder auf den Herd stellen und die Polenta unter Rühren ca. 5 Min. cremig garen (Achtung, die Polenta kann spritzen!).

2 Den Parmesan fein reiben und mit der Butter unter die Polenta rühren. Mit Muskatnuss und Salz würzen. Die Masse auf dem Backblech zu einem ca. 30 × 25 cm großen Rechteck ausstreichen – das geht am besten mit einer leicht eingeölten Palette oder einem großen Messer. Die Polenta mind. 1 Std. abkühlen lassen, dann in ca. 8 Stücke schneiden.

Einfrieren & Auftauen: Die Polentaschnitten auf einem Blech im Tiefkühlfach ca. 5 Std. vorfrieren. Dann in eine Box oder in Gefrierbeutel gestapelt tiefkühlen. Zum Auftauen die Schnitten in den Toaster geben oder in der Mikrowelle bei 600 Watt ca. 3 Min. erhitzen.

PINK HUMMUS

FÜR 8 PORTIONEN • Zubereiten: 10 Min.
1 Glas Kichererbsen (240 g Abtropfgewicht) • 100 g gegarte Rote Bete (vakuumverpackt) • 2–3 EL mildes Olivenöl • 2–3 EL Tahin (Sesampaste) • 1 TL Zitronensaft • Salz • Knoblauchpulver (nach Belieben) • 1 EL Olivenöl (nach Belieben)

1 Die Kichererbsen in einem Sieb kalt abbrausen und abtropfen lassen.

2 Rote Bete, Kichererbsen, Öl, Tahin, Zitronensaft, Salz und nach Belieben Knoblauchpulver in einem hohen Rührgefäß mit dem Pürierstab fein mixen, dabei etwas Wasser hinzufügen, bis der Hummus die gewünschte Konsistenz hat.

3 Den Hummus als Dip zu Gemüsesticks, Crackern oder als Brotaufstrich servieren. Nach Belieben vorher etwas Olivenöl darüberträufeln. Der Hummus hält sich gut verschlossen im Kühlschrank bis zu 5 Tage.

Einfrieren & Auftauen: Hummus ohne Rote Bete kann man problemlos tiefkühlen. Pink Hummus dagegen verliert durch das Einfrieren seine leuchtende Farbe. Wen das nicht stört, kann ihn portionsweise in Eiswürfel- oder Mini-Silikonformen einfrieren, herausnehmen und in einem Gefrierbeutel tiefkühlen. Über Nacht im Kühlschrank auftauen lassen.

ERBSEN-PESTO

FÜR 8 PORTIONEN • Zubereiten: 15 Min.
Salz • 400 g TK-Erbsen • 2–3 EL Pinienkerne • 50 g Parmesan • 100 ml mildes Olivenöl

1 In einem Topf Salzwasser zum Kochen bringen. Die Erbsen hinzufügen und kurz aufkochen lassen, in ein Sieb abgießen und abtropfen lassen.

2 In einer Pfanne die Pinienkerne ohne Fett goldbraun rösten. Den Parmesan reiben und mit den Pinienkernen, dem Öl, Erbsen und Salz in einem hohen Rührgefäß mit dem Pürierstab fein mixen. Das Erbsen-Pesto mit Pasta, als Brotaufstrich oder als Dip servieren.

Für die Erwachsenen: Etwas Chilipulver, durchgepressten Knoblauch und 1 Spritzer Zitrone unters Pesto rühren.

Einfrieren & Auftauen: Das Pesto portionsweise in Schraubgläsern oder Mini-Silikonboxen einfrieren. Über Nacht im Kühlschrank auftauen lassen und als Dip servieren oder mit etwas Nudelwasser und heißer Pasta mischen.

1 Pint
400
300
200
100

HIDDEN VEGGIES
IN TOMATENSAUCE

FÜR 16 PORTIONEN
Zubereiten: 30 Min.
Garen: 20 Min.

3 Möhren
1 großer Zucchino
3 Selleriestangen (am besten die milderen aus der Mitte)
2 Riesen-Champignons
1 Zwiebel
2 Knoblauchzehen
3 EL mildes Olivenöl
Salz
1 EL Tomatenmark
500 ml Gemüsebrühe
1 EL getrocknete ital. Kräuter
1,4 kg passierte Tomaten (aus der Flasche)

1 Die Möhren schälen und in kleine Würfel schneiden. Den Zucchino und die Selleriestangen putzen, waschen und ebenfalls klein würfeln. Die Champignons putzen, mit einem Tuch abreiben und ebenfalls in kleine Würfel schneiden. Zwiebel und Knoblauch schälen und grob würfeln.

2 Das Öl in einem großen Topf erhitzen. Zwiebeln und den Knoblauch darin 3 Min. goldbraun braten. Das Gemüse dazugeben und ca. 3 Min. braten. Salzen und das Tomatenmark kurz mitbraten. Mit der Brühe ablöschen, die Kräuter untermischen und alles 10 Min. köcheln lassen.

3 Die passierten Tomaten untermischen, mit Salz würzen und das Gemüse zugedeckt in ca. 10 Min. weich köcheln. Alles mit dem Pürierstab zu einer glatten Sauce mixen, dabei falls nötig noch etwas Wasser dazugeben. Die Hidden Veggies am besten zu Pasta servieren.

Einfrieren & Auftauen: Die Sauce portionsweise in Mini-Silikonboxen oder Eiswürfelformen einfrieren, herauslösen und in einem Gefrierbeutel tiefkühlen. Über Nacht im Kühlschrank oder in der Mikrowelle auf kleinster Stufe in ca. 5 Min. auftauen lassen. Ganz schnell geht's, wenn man die Pasta ca. 1 Min. vor Ende der Garzeit mit etwas Nudelwasser herausnimmt und mit einem tiefgekühlten Veggie-Tomatensaucenwürfel in einem Topf schwenkt, bis er aufgetaut ist.

KÜRBIS-KNOTEN
MIT GRÜNEM PESTO

FÜR 16 STÜCK
Zubereiten: 1 Std. 20 Min.
Backen: 20 Min.

250 g Vollkornmehl
330 g Mehl (Type 450; + Mehl zum Arbeiten)
1 Päck. Trockenhefe
Zucker
Salz
450 g Hokkaido-Kürbis
60 g Parmesan
125 g grünes Pesto (aus dem Glas)

Mogel-Mami: Die Knoten sind ein tolles Mitbringsel für Kindergartenfeiern oder fürs Picknick. Wenn's schnell gehen muss, einfach fertigen Hefeteig aus dem Kühlregal verwenden und mit gekauftem Kürbispüree und Pesto bestreichen.

Einfrieren & Auftauen:
Die Kürbis-Knoten in einem Gefrierbeutel tiefkühlen. Über Nacht bei Zimmertemperatur oder in der Mikrowelle auf kleinster Stufe in ca. 10 Min. auftauen lassen. Dann auf dem Toaster knusprig backen.

1 Die beiden Mehlsorten in einer großen Schüssel mit der Hefe mischen. 400 ml lauwarmes Wasser, 1 Prise Zucker und Salz dazugeben und ohne zu rühren 5 Min. ruhen lassen. Alles mit den Knethaken des Handrührgeräts oder den Händen zu einem glatten Teig verkneten. Den Teig zugedeckt an einem warmen Ort ca. 1 Std. gehen lassen.

2 Inzwischen den Kürbis waschen, putzen, Fasern und Kerne entfernen, das Fruchtfleisch in 1 cm große Würfel schneiden. Den Kürbis in einem Topf mit wenig Wasser zugedeckt in ca. 20 Min. weich köcheln.

3 Den Kürbis abgießen und mit dem Kartoffelstampfer fein zerdrücken. Das Püree lauwarm abkühlen lassen.

4 Ein Backblech mit Backpapier belegen. Den Parmesan fein reiben. Den Hefeteig auf der mit Mehl bestäubten Arbeitsfläche ca. 50 × 30 cm groß ausrollen. Den Teig von der langen Seite her bis zur Hälfte dünn mit dem Kürbispüree bestreichen. Das Pesto auf der übrigen Hälfte verteilen. Den Parmesan über die ganze Fläche streuen. Den Teig von der langen Seite her über die Mitte falten, sodass die grüne auf der orangen Fläche liegt. Den Teig mit dem Pizzaschneider in 3 cm breite Streifen schneiden. Die Streifen am geschlossenen Ende festhalten und ein paarmal um die eigene Achse drehen, sodass verzwirbelte Stränge entstehen. Diese zu Knoten formen und auf das Backblech legen.

5 Den Backofen auf 200° vorheizen und währenddessen die Knoten zugedeckt ruhen lassen. Dann im Backofen (Mitte) in ca. 20 Min. goldbraun backen.

KNUSPERGEMÜSE
AUS DEM OFEN

FÜR 8 PORTIONEN
Zubereiten: 20 Min.
Backen: 40 Min.

800 g Gemüse (z. B. Möhren, Fenchel, Zwiebel, Zucchini, Rote Bete)
2 EL Öl
Salz
1 TL edelsüßes Paprikapulver
½ TL Garam Masala (ersatzweise Ras el Hanout)
2 EL Polenta (Maisgrieß)

1 Den Backofen auf 200° vorheizen, ein Blech mit Backpapier belegen. Das Gemüse putzen, waschen oder schälen und in ca. 1 × 4 cm große Stücke schneiden.

2 In einer großen Schüssel Öl, Salz, Paprikapulver, Garam Masala und Polenta verrühren und das Gemüse damit mischen. Das Gemüse auf dem Blech verteilen und im Backofen (Mitte) in 35–40 Min. knusprig garen.

Auch lecker: Das Knuspergemüse lässt sich super zu einem bunten Brotaufstrich verarbeiten. Dazu 200 g gegartes Ofengemüse mit 70 g Nüssen (z. B. Walnüssen) und 1 EL Öl in einem hohen Rührbecher mit dem Pürierstab mixen. In einem Schraubglas hält es sich im Kühlschrank ca. 3 Tage.

Meal-Prep-Pro: Das Knuspergemüse passt auch toll als Füllung in Quesadillas und Gemüse-Bonbons.

Einfrieren & Auftauen: Das Knuspergemüse portionsweise in Gefrierbeuteln oder Boxen tiefkühlen. Bei Zimmertemperatur ca. 1 Std. antauen lassen, dann im 200° heißen Backofen in 6–8 Min. erhitzen und knusprig backen.

SMOOTHIE PACKS
ON ICE

FÜR 16 SMOOTHIES (À CA. 150 ML)
Zubereiten: 20 Min.

Für gelbe Smoothies:
½ Honigmelone
1 Mango
2 Orangen
2 Passionsfrüchte
800 ml Flüssigkeit (z. B. Haferdrink, Kokoswasser oder Wasser)

Für grüne Smoothies:
1 Ananas
125 g Babyspinat
1 Avocado
1 Limette
800 ml Flüssigkeit (z. B. Haferdrink, Kokoswasser oder Wasser)

1 Für gelbe Smoothies die Melone halbieren, schälen und die Kerne entfernen, das Fruchtfleisch 1 cm groß würfeln. Die Mango schälen, das Fruchtfleisch vom Kern schneiden und 1 cm groß würfeln. Die Orangen schälen, halbieren, in die einzelnen Segmente teilen und ebenfalls 1 cm groß würfeln. Je ein Viertel des Obsts in vier Boxen oder Gefrierbeutel füllen. Die Passionsfrüchte halbieren und zu jeder Obstportion das Fruchtfleisch einer Hälfte dazugeben. Das Obst tiefkühlen.

2 Für die Zubereitung 1 Portion Obst bei Zimmertemperatur mindestens 1 Std. antauen lassen. Dann im Hochleistungsmixer mit 200 ml Flüssigkeit fein pürieren. Einen Smoothie sofort servieren, die andere Portion bis zum nächsten Tag im Kühlschrank aufbewahren.

3 Für grüne Smoothies die Ananas schälen und in 1 cm große Stücke schneiden. Den Spinat verlesen, waschen und trocken schleudern. Die Avocado halbieren, den Kern entfernen, das Fruchtfleisch aus der Schale lösen und 1 cm groß würfeln. Die Limette schälen und das Fruchtfleisch ebenfalls 1 cm groß würfeln. Je ein Viertel der vorbereiteten Zutaten in vier Boxen oder Gefrierbeutel füllen und tiefkühlen.

4 Für die Zubereitung 1 Portion bei Zimmertemperatur mindestens 1 Std. antauen lassen. Dann im Hochleistungsmixer mit 200 ml Flüssigkeit fein pürieren. Einen Smoothie sofort servieren, die andere Portion bis zum nächsten Tag im Kühlschrank aufbewahren.

Mogel-Mami: Smoothies sind eine super Möglichkeit, Gemüse und Obst, das dein Kind nicht so gerne isst, zu verstecken und so allmählich an das Aroma zu gewöhnen. Ein wenig Spinat oder Staudensellerie fällt da nicht weiter auf.

GEFÜLLTE BRÖTCHEN
MIT LAUCH UND SCHINKEN

FÜR 12 STÜCK
Zubereiten: 40 Min.
Ruhen: 1 Std.
Backen: 20 Min.

500 g Vollkornmehl
½ Würfel frische Hefe
1 TL Backpulver
100 ml Sonnenblumenöl
130 g Joghurt
Salz
3 Eier (M)
1 Stange Lauch
1 EL Öl
150 g gekochter Schinken
200 g Frischkäse
1 TL Currypulver
2 EL Milch

Einfrieren & Auftauen:
Die gefüllten Brötchen in einem Gefrierbeutel tiefkühlen. Über Nacht im Kühlschrank oder in der Mikrowelle auf kleinster Stufe in ca. 10 Min. auftauen lassen. Die Brötchen auf dem Toaster rundherum erwärmen.

1 Das Mehl mit der zerbröckelten Hefe in eine Schüssel geben und 50 ml lauwarmes Wasser dazugeben. Alles ohne zu rühren 5 Min. ruhen lassen.

2 Backpulver, Öl, Joghurt, 1 TL Salz und 2 Eier in die Schüssel geben und alles mit den Knethaken des Handrührgeräts oder den Händen zu einem glatten Teig kneten. Den Teig zugedeckt an einem warmen Ort ca. 1 Std. gehen lassen.

3 Inzwischen den Lauch putzen, längs halbieren, waschen, trocken schütteln und in 1 cm dicke Halbringe schneiden. Das Öl in einer Pfanne erhitzen und den Lauch darin bei mittlerer Hitze ca. 8 Min. braten. Den Schinken in 1 cm große Würfel schneiden. Lauch, Schinken und Frischkäse in einer Schüssel mischen und mit Currypulver und Salz würzig abschmecken. Das restliche Ei mit der Milch verquirlen.

4 Den Backofen auf 180° vorheizen, ein Blech mit Backpapier belegen. Den Teig halbieren, die beiden Teile wieder halbieren und die vier Teile jeweils dritteln, sodass man zwölf gleich große Teiglinge hat. Die Teiglinge zwischen den Händen flach drücken, jeweils 1 EL Lauch-Schinken-Masse daraufgeben und den Teig über der Füllung vorsichtig zusammendrücken. (Durch den hohen Ölanteil lässt sich der Teig gut ziehen und zusammendrücken.)

5 Die gefüllten Brötchen mit der Verschlussseite nach unten auf das Backblech legen und mit der Eiermilch bestreichen. Dann im Backofen (Mitte) in ca. 20 Min. goldbraun backen.

KARTOFFELKROKETTEN

FÜR CA. 32 STÜCK
Zubereiten: 35 Min.
Garen: 20 Min.
Backen: 30 Min.

800 g mehligkochende Kartoffeln
frisch geriebene Muskatnuss
Salz
Pfeffer
2 Eier (M)
8 EL Semmelbrösel
4 EL Öl

1 Die Kartoffeln schälen, waschen und 1 cm groß würfeln. In einem Topf in wenig Wasser zugedeckt bei kleiner Hitze in ca. 20 Min. weich köcheln lassen.

2 Die Kartoffeln abgießen und in einer großen Schüssel mit dem Kartoffelstampfer fein zerdrücken. (Alternativ durch die Kartoffelpresse drücken.) Den Stampf etwas abkühlen lassen, dabei ab und zu durchrühren.

3 Den Kartoffelstampf mit 1 Prise Muskatnuss, Salz und Pfeffer würzen. Die Eier mit einem Teigschaber unterheben – der Teig soll dabei nicht gerührt werden.

4 Den Backofen auf 180° vorheizen, ein Blech mit Backpapier belegen. Die Semmelbrösel auf einem flachen Teller verteilen. Aus dem Kartoffelteig mit leicht feuchten Händen ca. 32 Kroketten formen, diese nacheinander in den Semmelbröseln wenden und auf das Backblech legen. Die Kroketten mit Öl beträufeln und im Backofen (Mitte) in ca. 30 Min. knusprig backen, dabei nach der Hälfte der Zeit wenden.

Einfrieren & Auftauen: Die Kroketten auf einem Blech ca. 5 Std. vorfrieren, dann in einer Box tiefkühlen. Auf einen Teller bei Zimmertemperatur ca. 2 Std. auftauen lassen, dann in einer Pfanne mit etwas Öl bei kleiner bis mittlerer Hitze knusprig aufbacken. Alternativ die TK-Kroketten in der Mikrowelle bei 600 Watt in ca. 4 Min. erhitzen (die Kroketten werden dabei allerdings nicht mehr so knusprig).

REGISTER

F

G

H

J

K

S

T

V

W

Z

IMPRESSUM

Projektleitung: Verena Kordick
Lektorat: Gertrud Köhn
Korrektorat: Ulrike Wagner
Innengestaltung: independent Medien-Design, Horst Moser, München
Cover- und Umschlaggestaltung: The Bluehouse Project, Klaus Niedermeier, München
Herstellung: Susanne Fuhrmann
Satz: Longo AG, Bozen
Repro: Longo AG, Bozen
Druck und Bindung: Printer Trento, Trento
Syndication: www.seasons.agency
1. Auflage 2020
ISBN 978-3-8338-7376-8

www.facebook.com/gu.verlag

GRÄFE UND UNZER
Ein Unternehmen der
GANSKE VERLAGSGRUPPE

DIE AUTORINNEN

Laura Osswald ist Schauspielerin – und bei Fans und Kollegen schon lange für ihre Kochkünste bekannt. Seit die Münchnerin Mutter geworden ist, widmet sie sich vorrangig der Familie und wanderte mit ihrem Mann für drei Jahre in die USA aus. Dort entdeckte Laura den Meal-Prep-Trend und fing an, noch intensiver zu kochen. Sie passt den Trend auf die Bedürfnisse ihrer Tochter an – erste Meal-Prep-Rezepte teilt sie auf www.littleyears.de.

Lena Merz ist erfahrene GU-Autorin mit jeder Menge Meal-Prep-Wissen. Auf www.lenamerz.de betreibt sie Deutschlands ersten Meal-Prep-Blog. Sie mag regionale und saisonale Küche und weiß durch ihre langjährige Arbeit als Foodredakteurin und Ernährungsberaterin genau, wie sie gesunde Küche in einfache Rezepte für jeden Tag umsetzen kann.

DIE FOTOGRAFIN

Julia Hoersch ist eine vielfach ausgezeichnete Fotografin und arbeitet für namhafte Zeitschriften und Buchverlage. Zusammen mit **Petra Speckmann** (Foodstyling) und **Meike Graf** (Requisite) schaffte sie eine fröhliche Familienatmosphäre und rückte die Meal-Prep-Rezepte immer ins beste Licht.

BILDNACHWEIS

Cover, Kapitelaufmacher und Vorwort: Simon Koy, München. Alle Food- und Rezeptfotos: Julia Hoersch, Hamburg. Freisteller U3 und Klappe hinten innen: iStock (Fascinadora, Tpu-Pyku, ranplett, Bozena_Fulawka, kolesnikovserg) Illustrationen: Studio Umi (Sophia Dei), Karlsfeld.

QUALITÄTS G|U GARANTIE

Liebe Leserin, lieber Leser,

haben wir Ihre Erwartungen erfüllt? Sind Sie mit diesem Buch zufrieden? Haben Sie weitere Fragen zu diesem Thema? Wir freuen uns auf Ihre Rückmeldung, auf Lob, Kritik und Anregungen, damit wir für Sie immer besser werden können.

GRÄFE UND UNZER Verlag
Leserservice
Postfach 86 03 13
81630 München
E-Mail:
leserservice@graefe-und-unzer.de

Telefon: 00800 / 72 37 33 33*
Telefax: 00800 / 50 12 05 44*
Mo–Do: 9.00 – 17.00 Uhr
Fr: 9.00 – 16.00 Uhr
(gebührenfrei in D, A, CH)*

Ihr GRÄFE UND UNZER Verlag
Der erste Ratgeberverlag – seit 1722.

Backofenhinweis:

Die Backzeiten können je nach Herd variieren. Die Temperaturangaben in unseren Rezepten beziehen sich auf das Backen im Elektroherd mit Ober- und Unterhitze und können bei Gasherden oder Backen mit Umluft abweichen. Details entnehmen Sie bitte Ihrer Gebrauchsanweisung.